efengyl
luc

the gospel according to
luke

"Mae beibl.net yn adnodd gwirioneddol wych ac yn rhodd i ni yma yng Nghymru. Mae'n ein galluogi i rannu gair bywiol Duw gyda phlant a phobl ifanc yn iaith y galon, a hynny mewn ffordd sy'n hygyrch a pherthnasol."
Dr Owain Edwards, Coleg y Bala

"Mae beibl.net yn gyfieithiad newydd gwych o'r Beibl i iaith bob dydd. Mae llawer sy'n byw eu bywydau drwy gyfrwng y Gymraeg yn cael beibl.net yn ddefnyddiol i gysylltu eu bywyd bob dydd a'u ffydd. Bydd yr argraffiad dwyieithog yma o efengyl Luc yn werthfawr iawn i lawer o bobl yng Nghymru, yn enwedig y rhai hynny sy'n newydd i'r Beibl a'r rhai sy'n dysgu Cymraeg fel ail iaith."
Christine Daniel, Pennaeth Cymdeithas y Beibl Cymru

"Beibl.net is a really wonderful resource and a gift to us here in Wales. It enables us to share the living word of God with children and young people in their heart language in an accessible and relevant way."
Dr Owain Edwards, Coleg y Bala

"Beibl.net is a great new translation of the Bible into everyday Welsh. Many who live their lives in the Welsh language find beibl.net helpful for connecting their life and their faith. This dual language edition of Luke's gospel will be of great value to many people in Wales, in particular for those who are new to the Bible and those who are learning Welsh as a second language."
Christine Daniel, Head of Bible Society Wales

efengyl
luc

 beibl.net

the gospel according to
luke

GOOD
NEWS
BIBLE

B CYMDEITHAS
Y BEIBL

CYMDEITHAS Y BEIBL / BIBLE SOCIETY
Byd Mary Jones World, Llanycil, Bala LL23 7YF
Stonehill Green, Westlea, Swindon SN5 7DG
cymdeithasybeibl.org.uk
biblesociety.org.uk/wales

Yr argraffiad hwn o Efengyl Luc © 2014 Cymdeithas y Beibl
This edition of Luke's Gospel © 2014 Bible Society

ISBN 978-0-564-03177-1

Efengyl Luc
Cyfieithiad beibl.net
Hawlfraint © Gobaith i Gymru 2014
Cyhoeddir gan Gymdeithas y Beibl gyda chaniatâd

Am ganiatâd i ddefnyddio rhannau o beibl.net cysylltwch â trefnydd@beibl.net
Am fanylion pellach: beibl.net/gwybodaeth/

The Gospel According to Luke, Good News Bible
The Bible Societies/Collins, a division of HarperCollins*Publishers*
Anglicised text © The British and Foreign Bible Society 1976, 1994, 2004
New Testament © American Bible Society 1966, 1971, 1976, 1992

For permission to use parts of the Good News Bible go to
biblesociety.org.uk/copyright

Argaffwaith a chysodi gan Bible Society Resources Ltd,
Is-gwmni sy'n berchen i Gymdeithas y Beibl
Dyluniad y clawr gan Mike Leach
Trefnwyd y cynhyrchiad gan Bible Society Resources Ltd
Argraffwyd yng Nghymru

Typography and typesetting by Bible Society Resources Ltd,
a wholly-owned subsidiary of The British and Foreign Bible Society
Cover design by Mike Leach
Production organized by Bible Society Resources Ltd
Printed in Wales

BNET/BSRL/2014/5.5M

CYNNWYS
CONTENTS

CYFLWYNIAD I

EFENGYL LUC

Ar ôl gwaith ymchwil manwl aeth Luc ati i ysgrifennu hanes bywyd Iesu yn drefnus, i'w gyflwyno i ddyn o'r enw Theoffilws. Dyma ei "ddadl o blaid Cristnogaeth" - cofnod hanesydd am fywyd, marwolaeth ac atgyfodiad Iesu. Mae gan Luc ddiddordeb arbennig yn y bobl hynny sydd 'ar y tu allan' - bugeiliaid tlawd, casglwyr trethi, puteiniaid, gwahangleifion a lladron. Mae gan ferched le allweddol yn yr hanes hefyd, ac mae'n pwysleisio fod Iesu wedi dod i achub pobl o bob cenedl, nid dim ond Iddewon. Dyna pam fod "arwyr" yr Efengyl yn cynnwys milwr Rhufeinig a dyn o Samaria. Dyna hefyd pam mae Luc yn olrhain achau Iesu yn ôl i Adda – tad y ddynoliaeth gyfan.

Mae Luc yn son mwy am yr Ysbryd Glân nag unrhyw un o awduron eraill y Testament Newydd, ac mae'n cyfeirio'n aml at ddysgeidiaeth Iesu am weddi, ac arfer Iesu o weddio'n gyson. Yna mae'n cloi'r hanes drwy bwysleisio fod Iesu wedi dod yn ôl yn fyw yn gorfforol. Nid ffrwyth dychymyg neu rhyw obaith gwag oedd yr atgyfodiad; nid ysbryd wnaeth ymddangos i'w ddilynwyr – roedd ganddo gorff, ac mae Luc yn adrodd hanes amdano yn bwyta brecwast gyda'i ddisgyblion.

(beibl.net)

INTRODUCTION TO
LUKE'S GOSPEL

Luke has carefully studied the sources and prepared an orderly
account. This is his "case for Christianity"; a historian's record of
Jesus. Luke's Gospel is full of humble shepherds, tax collectors,
prostitutes, lepers and thieves. He also features women — it
begins with two mothers celebrating and features, throughout,
Jesus' significant encounters with women. Jesus, in Luke, is firmly
on the side of the poor and the outcast.

  All these find salvation in Jesus. And not just Jews, but people
of all nationalities. The "heroes" in the Gospel include a Gentile
centurion and a Samaritan rescuer, and the genealogy of Christ
goes back to Adam, the father of all.

(Good News Bible)

LUC

1 Theoffilws, syr — Fel dych chi'n gwybod, mae yna lawer o bobl wedi mynd ati i gasglu'r hanesion am yr hyn sydd wedi digwydd yn ein plith ni. [2]Cafodd yr hanesion yma eu rhannu â ni gan y rhai fu'n llygad-dystion i'r cwbl o'r dechrau cyntaf, ac sydd ers hynny wedi bod yn cyhoeddi neges Duw. [3]Felly, gan fy mod innau wedi astudio'r pethau yma'n fanwl, penderfynais fynd ati i ysgrifennu'r cwbl yn drefnus i chi, syr. [4]Byddwch yn gwybod yn sicr wedyn fod y pethau gafodd eu dysgu i chi yn wir.

Dweud ymlaen llaw am eni Ioan Fedyddiwr

[5]Pan oedd Herod yn frenin ar Jwdea, roedd dyn o'r enw Sachareias yn offeiriad. Roedd yn perthyn i deulu offeiriadol Abeia, ac roedd ei wraig Elisabeth hefyd yn un o ddisgynyddion Aaron, brawd Moses. [6]Roedd y ddau ohonyn nhw yn bobl dda yng ngolwg Duw, ac yn gwneud yn union fel roedd e'n dweud. [7]Ond doedd Elisabeth ddim yn gallu cael plant, ac roedd y ddau ohonyn nhw'n eithaf hen.

[8]Un tro, pan oedd y teulu offeiriadol oedd Sachareias yn perthyn iddo yn gwasanaethu yn y deml, roedd Sachareias yno gyda nhw yn gwneud ei waith fel offeiriad. [9]A fe oedd yr un gafodd ei ddewis, trwy daflu coelbren, i losgi arogldarth wrth fynd i mewn i'r cysegr. (Taflu coelbren oedd y ffordd draddodiadol roedd yr offeiriaid yn ei ddefnyddio i wneud y dewis.) [10]Pan oedd yn amser i'r arogldarth gael ei losgi, roedd yr holl bobl oedd wedi dod yno i addoli yn gweddïo y tu allan.

THE GOSPEL ACCORDING TO

LUKE

1 Dear Theophilus:
Many people have done their best to write a report of the things that have taken place among us. [2] They wrote what we have been told by those who saw these things from the beginning and who proclaimed the message. [3] And so, your Excellency, because I have carefully studied all these matters from their beginning, I thought it would be good to write an orderly account for you. [4] I do this so that you will know the full truth about everything which you have been taught.

The Birth of John the Baptist is Announced

[5] During the time when Herod was king of Judea,[*] there was a priest named Zechariah, who belonged to the priestly order of Abijah. His wife's name was Elizabeth; she also belonged to a priestly family. [6] They both lived good lives in God's sight and obeyed fully all the Lord's laws and commands. [7] They had no children because Elizabeth could not have any, and she and Zechariah were both very old.

[8] One day Zechariah was doing his work as a priest in the Temple, taking his turn in the daily service. [9] According to the custom followed by the priests, he was chosen by lot to burn incense on the altar. So he went into the Temple of the Lord, [10] while the crowd of people outside prayed during the hour when the incense was burnt.

---

* *Judea:* The term here refers to the whole land of Palestine.
1.5: 1 Chr 24.10

[11]Roedd Sachareias wrthi'n llosgi'r arogldarth, ac yn sydyn gwelodd un o angylion yr Arglwydd o'i flaen yn sefyll ar yr ochr dde i'r allor. [12]Roedd Sachareias wedi dychryn am ei fywyd. [13]Ond dyma'r angel yn dweud wrtho: "Paid bod ofn, Sachareias; mae Duw wedi clywed dy weddi. Mae Elisabeth dy wraig yn mynd i gael plentyn — dy fab di! Ioan ydy'r enw rwyt i'w roi iddo, [14]a bydd yn dy wneud di'n hapus iawn. A bydd llawer iawn o bobl eraill yn llawen hefyd am ei fod wedi ei eni. [15]Bydd e'n was pwysig iawn i'r Arglwydd Dduw. Fydd e ddim yn yfed gwin nac unrhyw ddiod feddwol, ond bydd wedi cael ei lenwi â'r Ysbryd Glân hyd yn oed cyn iddo gael ei eni. [16]Bydd yn troi llawer iawn o bobl Israel yn ôl at yr Arglwydd eu Duw. [17]Gyda'r un ysbryd a nerth a oedd gan y proffwyd Elias bydd yn mynd allan i gyhoeddi fod yr Arglwydd yn dod, ac yn paratoi'r bobl ar ei gyfer. Bydd yn gwella perthynas rhieni â'u plant, ac yn peri i'r rhai sydd wedi bod yn anufudd weld mai byw yn iawn sy'n gwneud synnwyr."

[18]"Sut alla i gredu'r fath beth?" meddai Sachareias wrth yr angel, "Wedi'r cwbl, dw i'n hen ddyn ac mae ngwraig i mewn oed hefyd."

[19]Dyma'r angel yn ateb, "Gabriel ydw i. Fi ydy'r angel sy'n sefyll o flaen Duw i'w wasanaethu. Fe sydd wedi fy anfon i siarad â ti a dweud y newyddion da yma wrthot ti. [20]Gan dy fod ti wedi gwrthod credu beth dw i'n ei ddweud, byddi'n methu siarad nes bydd y plentyn wedi ei eni. Ond daw'r cwbl dw i'n ei ddweud yn wir yn amser Duw."

[21]Tra roedd hyn i gyd yn digwydd, roedd y bobl yn disgwyl i Sachareias ddod allan o'r deml. Roedden nhw'n methu deall pam roedd e mor hir. [22]Yna pan ddaeth allan, roedd yn methu siarad â nhw. A dyma nhw'n sylweddoli ei fod wedi gweld rhywbeth rhyfeddol yn y deml — roedd yn ceisio esbonio iddyn nhw drwy wneud arwyddion, ond yn methu siarad.

[23]Ar ôl i'r cyfnod pan oedd Sachareias yn gwasanaethu yn y deml ddod i ben, aeth adre. [24]Yn fuan wedyn dyma ei wraig Elisabeth yn darganfod ei bod hi'n disgwyl babi, a dyma hi'n cadw o'r golwg am bum mis. [25]"Yr Arglwydd Dduw sydd wedi gwneud hyn i mi!" meddai. "Mae wedi bod mor garedig, ac wedi symud y cywilydd roeddwn i'n ei deimlo am fod gen i ddim plant."

Dweud ymlaen llaw am eni Iesu

[26]Pan oedd Elisabeth chwe mis yn feichiog, anfonodd Duw yr angel Gabriel i Nasareth, un o drefi Galilea, [27]at ferch ifanc o'r enw Mair. Roedd Mair yn wyryf (heb erioed gael rhyw), ac wedi ei haddo'n wraig i ddyn o'r enw Joseff. Roedd e'n perthyn i deulu y Brenin

1:17 cyfeiriad at Malachi 4:6

¹¹An angel of the Lord appeared to him, standing on the right of the altar where the incense was burnt. ¹²When Zechariah saw him, he was alarmed and felt afraid. ¹³But the angel said to him, "Don't be afraid, Zechariah! God has heard your prayer, and your wife Elizabeth will bear you a son. You are to name him John. ¹⁴How glad and happy you will be, and how happy many others will be when he is born! ¹⁵He will be a great man in the Lord's sight. He must not drink any wine or strong drink. From his very birth he will be filled with the Holy Spirit, ¹⁶and he will bring back many of the people of Israel to the Lord their God. ¹⁷He will go ahead of the Lord, strong and mighty like the prophet Elijah. He will bring fathers and children together again; he will turn disobedient people back to the way of thinking of the righteous; he will get the Lord's people ready for him."

¹⁸Zechariah said to the angel, "How shall I know if this is so? I am an old man, and my wife is old also."

¹⁹"I am Gabriel," the angel answered. "I stand in the presence of God, who sent me to speak to you and tell you this good news. ²⁰But you have not believed my message, which will come true at the right time. Because you have not believed, you will be unable to speak; you will remain silent until the day my promise to you comes true."

²¹In the meantime the people were waiting for Zechariah and wondering why he was spending such a long time in the Temple. ²²When he came out, he could not speak to them, and so they knew that he had seen a vision in the Temple. Unable to say a word, he made signs to them with his hands.

²³When his period of service in the Temple was over, Zechariah went back home. ²⁴Some time later his wife Elizabeth became pregnant and did not leave the house for five months. ²⁵"Now at last the Lord has helped me," she said. "He has taken away my public disgrace!"

The Birth of Jesus is Announced
²⁶In the sixth month of Elizabeth's pregnancy God sent the angel Gabriel to a town in Galilee named Nazareth. ²⁷He had a message for a young woman promised in marriage to a man named Joseph,

1.15: Num 6.3   **1.17:** Mal 4.5–6   **1.19:** Dan 8.16; 9.21   **1.27:** Mt 1.18

Dafydd. [28]Dyma'r angel yn mynd ati a'i chyfarch, "Mair, mae Duw wedi dangos ffafr atat ti! Mae'r Arglwydd gyda thi!"

[29]Ond gwnaeth yr angel i Mair deimlo'n ddryslyd iawn. Doedd hi ddim yn deall o gwbl beth roedd yn ei feddwl. [30]Felly dyma'r angel yn dweud wrthi, "Paid bod ofn, Mair. Mae Duw wedi dewis dy fendithio di'n fawr. [31]Rwyt ti'n mynd i fod yn feichiog, a byddi di'n cael mab. Iesu ydy'r enw rwyt i'w roi iddo. [32]Bydd yn ddyn pwysig iawn, a bydd yn cael ei alw'n Fab y Duw Goruchaf. Bydd yr Arglwydd Dduw yn ei osod i eistedd ar orsedd y Brenin Dafydd, [33]a bydd yn teyrnasu dros bobl Jacob am byth. Fydd ei deyrnasiad byth yn dod i ben!"

[34]Ond meddai Mair, "Sut mae'r fath beth yn bosib? Dw i erioed wedi cael rhyw gyda neb."

[35]Dyma'r angel yn esbonio iddi, "Bydd yr Ysbryd Glân yn dod arnat ti, a nerth y Duw Goruchaf yn gofalu amdanat ti. Felly bydd y plentyn fydd yn cael ei eni yn berson sanctaidd — bydd yn cael ei alw yn Fab Duw. [36]Meddylia! Mae hyd yn oed Elisabeth, sy'n perthyn i ti, yn mynd i gael plentyn er ei bod hi mor hen. Roedd pawb yn gwybod ei bod hi'n methu cael plant, ond mae hi chwe mis yn feichiog! [37]Rwyt ti'n gweld, does dim byd sy'n amhosib i Dduw ei wneud."

[38]A dyma Mair yn dweud, "Dw i eisiau gwasanaethu'r Arglwydd Dduw. Felly gad i beth rwyt wedi ei ddweud ddod yn wir." Wedyn dyma'r angel yn ei gadael hi.

Mair yn ymweld ag Elisabeth

[39]Cyn gynted ag y gallai dyma Mair yn mynd i'r dref yng nghanol bryniau Jwda [40]lle roedd Sachareias ac Elisabeth yn byw. Pan gyrhaeddodd y tŷ dyma hi'n cyfarch Elisabeth, [41]a dyma babi Elisabeth yn neidio yn ei chroth hi. Cafodd Elisabeth ei hun ei llenwi â'r Ysbryd Glân pan glywodd lais Mair, [42]a gwaeddodd yn uchel: "Mair, rwyt ti wedi dy fendithio fwy nag unrhyw wraig arall, a bydd y babi rwyt ti'n ei gario wedi ei fendithio hefyd! [43]Pam mae Duw wedi rhoi'r fath fraint i mi? — cael mam fy Arglwydd yn dod i ngweld i! [44]Wir i ti, wrth i ti nghyfarch i, dyma'r babi sydd yn fy nghroth i yn neidio o lawenydd pan glywais dy lais di. [45]Rwyt ti wedi dy fendithio'n fawr, am dy fod wedi credu y bydd yr Arglwydd yn gwneud beth mae wedi ei ddweud wrthot ti."

Cân Mair

[46]A dyma Mair yn ymateb:
    "O, dw i'n moli'r Arglwydd!
[47]   Mae Duw, fy Achubwr, wedi fy ngwneud i mor hapus!

who was a descendant of King David. Her name was Mary. ²⁸The angel came to her and said, "Peace be with you! The Lord is with you and has greatly blessed you!"

²⁹Mary was deeply troubled by the angel's message, and she wondered what his words meant. ³⁰The angel said to her, "Don't be afraid, Mary; God has been gracious to you. ³¹You will become pregnant and give birth to a son, and you will name him Jesus. ³²He will be great and will be called the Son of the Most High God. The Lord God will make him a king, as his ancestor David was, ³³and he will be the king of the descendants of Jacob for ever; his kingdom will never end!"

³⁴Mary said to the angel, "I am a virgin. How, then, can this be?"

³⁵The angel answered, "The Holy Spirit will come on you, and God's power will rest upon you. For this reason the holy child will be called the Son of God. ³⁶Remember your relative Elizabeth. It is said that she cannot have children, but she herself is now six months pregnant, even though she is very old. ³⁷For there is nothing that God cannot do."

³⁸"I am the Lord's servant," said Mary; "may it happen to me as you have said." And the angel left her.

Mary Visits Elizabeth

³⁹Soon afterwards Mary got ready and hurried off to a town in the hill country of Judea. ⁴⁰She went into Zechariah's house and greeted Elizabeth. ⁴¹When Elizabeth heard Mary's greeting, the baby moved within her. Elizabeth was filled with the Holy Spirit ⁴²and said in a loud voice, "You are the most blessed of all women, and blessed is the child you will bear! ⁴³Why should this great thing happen to me, that my Lord's mother comes to visit me? ⁴⁴For as soon as I heard your greeting, the baby within me jumped with gladness. ⁴⁵How happy you are to believe that the Lord's message to you will come true!"

Mary's Song of Praise

⁴⁶Mary said,
  "My heart praises the Lord;
⁴⁷   my soul is glad because of God my Saviour,

1.31: Mt 1.21   **1.32–33:** 2 Sam 7.12, 13, 16; Is 9.7   **1.37:** Gen 18.14   **1.46–55:** 1 Sam 2.1–10

⁴⁸ Roedd yn gwybod bod ei forwyn yn ferch gyffredin iawn,
     ond o hyn ymlaen bydd pobl o bob oes
     yn dweud fy mod wedi fy mendithio,
⁴⁹ Mae Duw, yr Un Cryf, wedi gwneud pethau mawr i mi —
     Mae ei enw mor sanctaidd!
⁵⁰ Mae bob amser yn trugarhau wrth y rhai sy'n ymostwng iddo.

⁵¹   Mae wedi defnyddio ei rym i wneud pethau rhyfeddol! —
     Mae wedi gyrru y rhai balch ar chwâl.
⁵² Mae wedi cymryd eu hawdurdod oddi ar lywodraethwyr,
     ac anrhydeddu'r bobl hynny sy'n 'neb'.
⁵³ Mae wedi rhoi digonedd o fwyd da i'r newynog,
     ac anfon y bobl gyfoethog i ffwrdd heb ddim!
⁵⁴ Mae wedi helpu ei was Israel,
     a dangos trugaredd at ei bobl. ⁵⁵Dyma addawodd ei wneud
         i'n cyndeidiau ni —
     dangos trugaredd at Abraham a'i ddisgynyddion am byth."
⁵⁶Arhosodd Mair gydag Elisabeth am tua tri mis cyn mynd yn ôl
adre.

Hanes geni Ioan Fedyddiwr

⁵⁷Pan ddaeth yr amser i fabi Elisabeth gael ei eni, bachgen bach
gafodd hi. ⁵⁸Clywodd ei chymdogion a'i pherthnasau y newyddion,
ac roedden nhw i gyd yn hapus hefyd fod yr Arglwydd wedi bod mor
garedig wrthi hi.

⁵⁹Wythnos ar ôl i'r babi gael ei eni roedd pawb wedi dod
i seremoni enwaedu y bachgen, ac yn cymryd yn ganiataol mai
Sachareias fyddai'n cael ei alw, yr un fath â'i dad. ⁶⁰Ond dyma
Elisabeth yn dweud yn glir, "Na! Ioan fydd ei enw."

⁶¹"Beth?" medden nhw, "Does neb yn y teulu gyda'r enw yna."
⁶²Felly dyma nhw'n gwneud arwyddion i ofyn i Sachareias beth oedd
e eisiau galw ei fab. ⁶³Gofynnodd am lechen i ysgrifennu arni, ac er
syndod i bawb, ysgrifennodd y geiriau "Ioan ydy ei enw." ⁶⁴Yr eiliad
honno cafodd ei allu i siarad yn ôl, a dechreuodd foli Duw. ⁶⁵Roedd
ei gymdogion i gyd wedi eu syfrdanu, ac roedd pawb drwy ardal
bryniau Jwdea yn siarad am beth oedd wedi digwydd. ⁶⁶Roedd
pawb yn gofyn, "Beth fydd hanes y plentyn yma?" Roedd hi'n amlwg
i bawb fod llaw Duw arno.

48   for he has remembered me, his lowly servant!
      From now on all people will call me happy,

49   because of the great things the Mighty God has done for me.
      His name is holy;
50   from one generation to another
      he shows mercy to those who honour him.
51 He has stretched out his mighty arm
      and scattered the proud with all their plans.
52 He has brought down mighty kings from their thrones,
      and lifted up the lowly.
53 He has filled the hungry with good things,
      and sent the rich away with empty hands.
54 He has kept the promise he made to our ancestors,
      and has come to the help of his servant Israel.
55 He has remembered to show mercy to Abraham
      and to all his descendants for ever!"
56Mary stayed about three months with Elizabeth and then went
back home.

The Birth of John the Baptist

57The time came for Elizabeth to have her baby, and she
gave birth to a son. 58Her neighbours and relatives heard how
wonderfully good the Lord had been to her, and they all rejoiced
with her.

59When the baby was a week old, they came to circumcise him,
and they were going to name him Zechariah, after his father. 60But
his mother said, "No! His name is to be John."

61They said to her, "But you have no relatives with that name!"
62Then they made signs to his father, asking him what name he
would like the boy to have.

63Zechariah asked for a writing tablet and wrote, "His name is
John." How surprised they all were! 64At that moment Zechariah was
able to speak again, and he started praising God. 65The neighbours
were all filled with fear, and the news about these things spread
through all the hill country of Judea. 66Everyone who heard of it
thought about it and asked, "What is this child going to be?" For it
was plain that the Lord's power was upon him.

Cân Sachareias

⁶⁷Dyma Sachareias, tad y plentyn, yn cael ei lenwi â'r Ysbryd Glân, ac yn proffwydo fel hyn:

⁶⁸ "Molwch yr Arglwydd — Duw Israel!
    Mae wedi dod i ollwng ei bobl yn rhydd.
⁶⁹ Mae wedi anfon un cryf i'n hachub ni —
    un yn perthyn i deulu ei was,
    y Brenin Dafydd.

⁷⁰ Dyma'n union addawodd ymhell yn ôl, drwy ei broffwydi
    sanctaidd:
⁷¹ Bydd yn ein hachub ni rhag ein gelynion
    ac o afael pawb sy'n ein casáu ni.
⁷² Mae wedi trugarhau, fel yr addawodd i'n cyndeidiau,
    ac wedi cofio'r ymrwymiad cysegredig a wnaeth
⁷³   pan aeth ar ei lw i Abraham:
⁷⁴ i'n hachub ni o afael ein gelynion,
    i ni allu ei wasanaethu heb ofni neb na dim,
⁷⁵ a byw yn bobl sanctaidd a chyfiawn
    tra byddwn fyw.

⁷⁶ A thithau, fy mab bach, byddi di'n cael dy alw
    yn broffwyd i'r Duw Goruchaf;
   oherwydd byddi'n mynd o flaen yr Arglwydd
    i baratoi'r ffordd ar ei gyfer.
⁷⁷ Byddi'n dangos i'w bobl sut mae cael eu hachub
    trwy i'w pechodau gael eu maddau.

⁷⁸ Oherwydd mae Duw yn dirion ac yn drugarog,
    ac mae ei oleuni ar fin gwawrio arnon ni o'r nefoedd.
⁷⁹ Bydd yn disgleirio ar y rhai sy'n byw yn y tywyllwch
    gyda chysgod marwolaeth drostyn nhw,
    ac yn ein harwain ar hyd llwybr heddwch."

⁸⁰Tyfodd y plentyn Ioan yn fachgen cryf yn ysbrydol. Yna aeth i fyw i'r anialwch nes iddo gael ei anfon i gyhoeddi ei neges i bobl Israel.

Hanes geni Iesu y Meseia
(Mathew 1:18-25)

2 Tua'r un adeg dyma Cesar Awgwstws yn gorchymyn cynnal cyfrifiad drwy'r Ymerodraeth Rufeinig i gyd. ²(Hwn oedd y cyfrifiad cyntaf, gafodd ei gynnal cyn bod Cwiriniws yn

Zechariah's Prophecy

⁶⁷John's father Zechariah was filled with the Holy Spirit, and he spoke God's message:

⁶⁸ "Let us praise the Lord, the God of Israel!
  He has come to the help of his people and has set them free.
⁶⁹ He has provided for us a mighty Saviour,
  a descendant of his servant David.

⁷⁰ He promised through his holy prophets long ago

⁷¹   that he would save us from our enemies,
  from the power of all those who hate us.
⁷² He said he would show mercy to our ancestors
  and remember his sacred covenant.
⁷³⁻⁷⁴ With a solemn oath to our ancestor Abraham
  he promised to rescue us from our enemies
  and allow us to serve him without fear,
⁷⁵ so that we might be holy and righteous before him
  all the days of our life.

⁷⁶ "You, my child, will be called a prophet of the Most High God.
  You will go ahead of the Lord
  to prepare his road for him,

⁷⁷ to tell his people that they will be saved
  by having their sins forgiven.

⁷⁸ Our God is merciful and tender.
  He will cause the bright dawn of salvation to rise on us
⁷⁹   and to shine from heaven on all those who live in the dark
      shadow of death,
  to guide our steps into the path of peace."

⁸⁰ The child grew and developed in body and spirit. He lived in the desert until the day when he appeared publicly to the people of Israel.

The Birth of Jesus

(Mt 1.18–25)

2 At that time the Emperor Augustus ordered a census to be taken throughout the Roman Empire. ²When this first census

---

1.76: Mal 3.1   1.79: Is 9.2

llywodraethwr Syria.) [3]Roedd pawb yn mynd adre i'r trefi lle cawson nhw eu geni, i gofrestru ar gyfer y cyfrifiad.

[4]Felly gan fod Joseff yn perthyn i deulu'r Brenin Dafydd, gadawodd Nasareth yn Galilea, a mynd i gofrestru yn Jwdea — yn Bethlehem, hynny ydy tref Dafydd. [5]Aeth yno gyda Mair oedd yn mynd i fod yn wraig iddo, ac a oedd erbyn hynny'n disgwyl babi. [6]Tra roedden nhw yno daeth yn amser i'r babi gael ei eni, [7]a dyna lle cafodd ei phlentyn cyntaf ei eni — bachgen bach. Dyma hi'n lapio cadachau geni yn ofalus amdano, a'i osod i orwedd mewn cafn ar gyfer bwydo anifeiliaid. Doedd dim llety iddyn nhw aros ynddo.

Y Bugeiliaid a'r Angylion

[8]Yn ardal Bethlehem roedd bugeiliaid allan drwy'r nos yn yr awyr agored yn gofalu am eu defaid. [9]Yn sydyn dyma nhw'n gweld un o angylion yr Arglwydd, ac roedd ysblander yr Arglwydd fel golau llachar o'u cwmpas nhw. Roedden nhw wedi dychryn am eu bywydau. [10]Ond dyma'r angel yn dweud wrthyn nhw, "Peidiwch bod ofn. Mae gen i newyddion da i chi! Newyddion fydd yn gwneud pobl ym mhobman yn llawen iawn. [11]Mae eich Achubwr wedi cael ei eni heddiw, yn Bethlehem (tref y Brenin Dafydd). Ie, y Meseia! Yr Arglwydd! [12]Dyma sut byddwch chi'n ei nabod e: Dewch o hyd iddo yn fabi bach wedi ei lapio mewn cadachau ac yn gorwedd mewn cafn bwydo anifeiliaid."

[13]Yn sydyn dyma filoedd o angylion eraill yn dod i'r golwg, roedd fel petai holl angylion y nefoedd yno yn addoli Duw!

[14] "Gogoniant i Dduw yn y nefoedd uchaf,
	heddwch ar y ddaear islaw,
	a bendith Duw ar bobl."

[15]Pan aeth yr angylion i ffwrdd yn ôl i'r nefoedd, dyma'r bugeiliaid yn dweud wrth ei gilydd, "Dewch! Gadewch i ni fynd i Bethlehem, i weld beth mae'r Arglwydd wedi ei ddweud wrthon ni sydd wedi digwydd."

[16]Felly i ffwrdd â nhw, a dyma nhw'n dod o hyd i Mair a Joseff a'r babi bach yn gorwedd mewn cafn bwydo anifeiliaid. [17]Ar ôl ei weld, dyma'r bugeiliaid yn mynd ati i ddweud wrth bawb beth oedd wedi digwydd, a beth ddwedodd yr angel wrthyn nhw am y plentyn yma. [18]Roedd pawb glywodd am y peth yn rhyfeddu at yr hyn roedd y bugeiliaid yn ei ddweud. [19]Ond roedd Mair yn cofio pob manylyn ac yn meddwl yn aml am y cwbl oedd wedi cael ei ddweud am ei phlentyn. [20]Aeth y bugeiliaid yn ôl i'w gwaith gan ganmol a moli Duw am bopeth roedden nhw wedi ei weld a'i glywed. Roedd y cwbl yn union fel roedd yr angel wedi dweud.

took place, Quirinius was the governor of Syria. ³Everyone, then, went to register himself, each to his own town.

⁴Joseph went from the town of Nazareth in Galilee to the town of Bethlehem in Judea, the birthplace of King David. Joseph went there because he was a descendant of David. ⁵He went to register with Mary, who was promised in marriage to him. She was pregnant, ⁶and while they were in Bethlehem, the time came for her to have her baby. ⁷She gave birth to her first son, wrapped him in strips of cloth and laid him in a manger — there was no room for them to stay in the inn.

The Shepherds and the Angels

⁸There were some shepherds in that part of the country who were spending the night in the fields, taking care of their flocks. ⁹An angel of the Lord appeared to them, and the glory of the Lord shone over them. They were terribly afraid, ¹⁰but the angel said to them, "Don't be afraid! I am here with good news for you, which will bring great joy to all the people. ¹¹This very day in David's town your Saviour was born — Christ the Lord! ¹²And this is what will prove it to you: you will find a baby wrapped in strips of cloth and lying in a manger."

¹³Suddenly a great army of heaven's angels appeared with the angel, singing praises to God:

¹⁴ "Glory to God in the highest heaven,
    and peace on earth to those with whom he is pleased!"

¹⁵When the angels went away from them back into heaven, the shepherds said to one another, "Let's go to Bethlehem and see this thing that has happened, which the Lord has told us."

¹⁶So they hurried off and found Mary and Joseph and saw the baby lying in the manger. ¹⁷When the shepherds saw him, they told them what the angel had said about the child. ¹⁸All who heard it were amazed at what the shepherds said. ¹⁹Mary remembered all these things and thought deeply about them. ²⁰The shepherds went back, singing praises to God for all they had heard and seen; it had been just as the angel had told them.

Enwi Iesu

²¹Pan oedd y plentyn yn wythnos oed cafodd ei enwaedu, a'i alw
yn Iesu. Dyna oedd yr enw roddodd yr angel iddo hyd yn oed cyn
iddo gael ei genhedlu yng nghroth Mair.

Cyflwyno Iesu yn y Deml

²²Pan oedd pedwar deg diwrnod wedi mynd heibio ers i'r
bachgen gael ei eni, roedd y cyfnod o buro mae Cyfraith Moses yn
sôn amdano wedi dod i ben.* Felly aeth Joseff a Mair i Jerwsalem
i gyflwyno eu mab cyntaf i'r Arglwydd ²³(Mae Cyfraith Duw yn
dweud: *"Os bachgen ydy'r plentyn cyntaf i gael ei eni, rhaid iddo
gael ei gysegru i'r Arglwydd"* ²⁴a hefyd fod rhaid offrymu aberth i'r
Arglwydd — *"pâr o durturod neu ddwy golomen"*).

²⁵Roedd dyn o'r enw Simeon yn byw yn Jerwsalem — dyn da
a duwiol. Roedd dylanwad yr Ysbryd Glân yn drwm ar ei fywyd, ac
roedd yn disgwyl yn frwd i'r Meseia ddod i helpu Israel. ²⁶Roedd yr
Ysbryd Glân wedi dweud wrtho y byddai'n gweld y Meseia cyn iddo
fe farw. ²⁷A'r diwrnod hwnnw dyma'r Ysbryd yn dweud wrtho i fynd i'r
deml. Felly pan ddaeth rhieni Iesu yno gyda'u plentyn i wneud yr hyn
roedd y Gyfraith yn ei ofyn, ²⁸dyma Simeon yn cymryd y plentyn yn
ei freichiau a dechrau moli Duw fel hyn:

²⁹ "O Feistr Sofran! Gad i mi, dy was,
    bellach farw mewn heddwch!
    Dyma wnest ti ei addo i mi —
³⁰ dw i wedi gweld yr Achubwr gyda fy llygaid fy hun.
³¹ Rwyt wedi ei roi i'r bobl i gyd;
³² yn olau er mwyn i genhedloedd eraill allu gweld,
    ac yn rheswm i bobl Israel dy foli di."

³³Roedd Mair a Joseff yn rhyfeddu at y pethau oedd yn cael eu
dweud am Iesu. ³⁴Yna dyma Simeon yn eu bendithio nhw, a dweud
wrth Mair, y fam: "Bydd y plentyn yma yn achos cwymp i lawer yn
Israel ac yn fendith i eraill. Bydd yn rhybudd sy'n cael ei wrthod,
³⁵a bydd yr hyn mae pobl yn ei feddwl go iawn yn dod i'r golwg.
A byddi di'n dioddef hefyd, fel petai cleddyf yn trywanu dy enaid di."

³⁶Roedd gwraig o'r enw Anna, oedd yn broffwydes, yn y deml yr un
pryd. Roedd yn ferch i Phanuel o lwyth Aser, ac yn hen iawn. Roedd
hi wedi bod yn weddw ers i'w gŵr farw dim ond saith mlynedd ar ôl
iddyn nhw briodi. ³⁷Erbyn hyn roedd hi'n wyth deg pedair mlwydd oed.
Fyddai hi byth yn gadael y deml — roedd hi yno ddydd a nos yn addoli

---

* *dod i ben:* Pan oedd gwraig Iddewig yn cael plentyn roedd hi'n cael ei hystyried yn 'aflan'.
Roedd rhaid iddi aros adre nes i'r plentyn gael ei enwaedu yn wythnos oed, a wedyn am
33 diwrnod arall, cyn mynd i gyflwyno offrwm i Dduw.
2:22 gw. Lefiticus 12:6-8   **2:23** Exodus 13:2,12,15   **2:24** Lefiticus 12:8

Jesus is Named

²¹A week later, when the time came for the baby to be circumcised, he was named Jesus, the name which the angel had given him before he had been conceived.

Jesus is Presented in the Temple

²²The time came for Joseph and Mary to perform the ceremony of purification, as the Law of Moses commanded. So they took the child to Jerusalem to present him to the Lord, ²³as it is written in the law of the Lord: "Every firstborn male is to be dedicated to the Lord." ²⁴They also went to offer a sacrifice of a pair of doves or two young pigeons, as required by the law of the Lord.

²⁵At that time there was a man named Simeon living in Jerusalem. He was a good, God-fearing man and was waiting for Israel to be saved. The Holy Spirit was with him ²⁶and had assured him that he would not die before he had seen the Lord's promised Messiah. ²⁷Led by the Spirit, Simeon went into the Temple. When the parents brought the child Jesus into the Temple to do for him what the Law required, ²⁸Simeon took the child in his arms and gave thanks to God:

²⁹ "Now, Lord, you have kept your promise,
  and you may let your servant go in peace.

³⁰ With my own eyes I have seen your salvation,
³¹   which you have prepared in the presence of all peoples:
³² A light to reveal your will to the Gentiles
  and bring glory to your people Israel."

³³The child's father and mother were amazed at the things Simeon said about him. ³⁴Simeon blessed them and said to Mary, his mother, "This child is chosen by God for the destruction and the salvation of many in Israel. He will be a sign from God which many people will speak against ³⁵and so reveal their secret thoughts. And sorrow, like a sharp sword, will break your own heart."

³⁶⁻³⁷There was a very old prophet, a widow named Anna, daughter of Phanuel of the tribe of Asher. She had been married for only seven years and was now 84 years old.* She never left the Temple;

----

* *was now 84 years old;* or *had been a widow 84 years.*
2.21: Lev 12.3; Lk 1.31   2.22–24: Lev 12.6–8   2.23: Ex 13.2, 12   2.32: Is 42.6; 49.6; 52.10

Duw, ac yn ymprydio a gweddïo. [38]Daeth at Mair a Joseff pan oedd
Simeon gyda nhw a dechrau moli Duw a diolch iddo. Roedd yn siarad
am Iesu gyda phawb oedd yn edrych ymlaen at ryddid i Jerwsalem.

Iesu'n mynd adre i Nasareth
[39]Pan oedd Joseff a Mair wedi gwneud popeth roedd Cyfraith
yr Arglwydd yn ei ofyn, dyma nhw'n mynd yn ôl adre i Nasareth yn
Galilea. [40]Tyfodd y plentyn yn fachgen cryf a doeth iawn, ac roedd
hi'n amlwg bod ffafr Duw arno.

Iesu'n mynd i'r deml pan oedd yn fachgen
[41]Byddai rhieni Iesu yn arfer mynd i Jerwsalem i ddathlu Gŵyl y Pasg
bob blwyddyn, [42]a phan oedd Iesu yn ddeuddeg oed aethon nhw yno
i'r Ŵyl fel arfer. [43]Pan oedd yr Ŵyl drosodd dyma ei rieni yn troi am adre,
heb sylweddoli fod Iesu wedi aros yn Jerwsalem. [44]Roedden nhw wedi
teithio drwy'r dydd gan gymryd yn ganiataol ei fod gyda'i ffrindiau yn
rhywle. Dyma nhw'n mynd ati i edrych amdano ymhlith eu ffrindiau a'u
perthnasau, [45]ond methu dod o hyd iddo. Felly dyma nhw'n mynd yn ôl
i Jerwsalem i edrych amdano. [46]Roedd hi'r trydydd diwrnod cyn iddyn
nhw ddod o hyd iddo! Roedd wedi bod yn y deml, yn eistedd gyda'r
athrawon ac yn gwrando arnyn nhw ac yn gofyn cwestiynau. [47]Roedd
pawb welodd e yn rhyfeddu gymaint roedd yn ei ddeall. [48]Cafodd ei
rieni y fath sioc pan ddaethon nhw o hyd iddo, a dyma'i fam yn gofyn
iddo, "Machgen i, pam rwyt ti wedi gwneud hyn i ni? Mae dy dad a fi
wedi bod yn poeni'n ofnadwy ac yn chwilio ym mhobman amdanat ti."
[49]Gofynnodd Iesu iddyn nhw, "Pam roedd rhaid i chi chwilio?
Wnaethoch chi ddim meddwl y byddwn i'n siŵr o fod yn nhŷ fy Nhad?"
[50]Ond doedd ei rieni ddim wir yn deall beth roedd yn ei olygu.
[51]Felly aeth Iesu yn ôl i Nasareth gyda nhw a bu'n ufudd iddyn
nhw. Roedd Mair yn cofio pob manylyn o beth ddigwyddodd, a beth
gafodd ei ddweud. [52]Tyfodd Iesu'n fachgen doeth a chryf. Roedd ffafr
Duw arno, ac roedd pobl hefyd yn hoff iawn ohono.

Ioan Fedyddiwr yn paratoi'r ffordd
(Mathew 3:1-12; Marc 1:1-8; Ioan 1:19-28)

3 [1-2]Flynyddoedd yn ddiweddarach, tra roedd yn byw yn yr
anialwch, cafodd Ioan, mab Sachareias, neges gan Dduw. Erbyn
hynny roedd Tiberiws Cesar wedi bod yn teyrnasu ers pymtheng
mlynedd; Pontius Peilat oedd llywodraethwr Jwdea, Herod* yn
is-lywodraethwr ar Galilea, ei frawd Philip ar Itwrea a Trachonitis,
a Lysanias ar Abilene; ac roedd Annas a Caiaffas yn archoffeiriaid.

---

* *Herod:* Herod Antipas, mab Herod Fawr.
2:41 gw. Exodus 12:1-27; Deuteronomium 16:1-8

day and night she worshipped God, fasting and praying. [38]That very same hour she arrived and gave thanks to God and spoke about the child to all who were waiting for God to set Jerusalem free.

The Return to Nazareth

[39]When Joseph and Mary had finished doing all that was required by the law of the Lord, they returned to their home town of Nazareth in Galilee. [40]The child grew and became strong; he was full of wisdom, and God's blessings were upon him.

The Boy Jesus in the Temple

[41]Every year the parents of Jesus went to Jerusalem for the Passover Festival. [42]When Jesus was twelve years old, they went to the festival as usual. [43]When the festival was over, they started back home, but the boy Jesus stayed in Jerusalem. His parents did not know this; [44]they thought that he was with the group, so they travelled a whole day and then started looking for him among their relatives and friends. [45]They did not find him, so they went back to Jerusalem looking for him. [46]On the third day they found him in the Temple, sitting with the Jewish teachers, listening to them and asking questions. [47]All who heard him were amazed at his intelligent answers. [48]His parents were astonished when they saw him, and his mother said to him, "My son, why have you done this to us? Your father and I have been terribly worried trying to find you."

[49]He answered them, "Why did you have to look for me? Didn't you know that I had to be in my Father's house?" [50]But they did not understand his answer.

[51]So Jesus went back with them to Nazareth, where he was obedient to them. His mother treasured all these things in her heart. [52]Jesus grew both in body and in wisdom, gaining favour with God and people.

The Preaching of John the Baptist
(Mt 3.1–12; Mk 1.1–8; Jn 1.19–28)

3 It was the fifteenth year of the rule of the Emperor Tiberius; Pontius Pilate was governor of Judea, Herod was ruler of Galilee, and his brother Philip was ruler of the territory of Iturea and Trachonitis; Lysanias was ruler of Abilene, [2]and Annas and Caiaphas were high priests. At that time the word of God came to John son

2.39: Mt 2.23   **2.41:** Ex 12.1–27; Deut 16.1–8   **2.52:** 1 Sam 2.26; Prov 3.4

[3] Teithiodd Ioan drwy'r ardal o gwmpas Afon Iorddonen, yn cyhoeddi bod rhaid i bobl gael eu bedyddio, fel arwydd eu bod nhw'n troi cefn ar eu pechodau ac yn derbyn maddeuant gan Dduw. [4] Roedd yn union fel mae'n dweud yn llyfr y proffwyd Eseia:

> "Llais yn gweiddi'n uchel yn yr anialwch,
> 'Paratowch y ffordd i'r Arglwydd ddod!
> Gwnewch y llwybrau'n syth iddo!
> [5] Bydd pob dyffryn yn cael ei lenwi,
>   pob mynydd a bryn yn cael ei lefelu.
> Bydd y ffyrdd troellog yn cael eu gwneud yn syth,
>   a'r lonydd anwastad yn cael eu gwneud yn llyfn.
> [6] Bydd y ddynoliaeth gyfan yn gweld Duw yn achub.' "

[7] Roedd Ioan yn dweud yn blaen wrth y tyrfaoedd oedd yn mynd allan ato i gael eu bedyddio ganddo: "Dych chi fel nythaid o nadroedd! Pwy sydd wedi'ch rhybuddio chi i ddianc rhag y gosb sy'n mynd i ddod? [8] Rhaid i chi ddangos yn y ffordd dych chi'n byw eich bod wedi newid go iawn. A pheidiwch meddwl eich bod chi'n saff drwy ddweud, 'Abraham ydy'n tad ni.' Gallai Duw droi'r cerrig yma sydd ar lawr yn blant i Abraham! [9] Mae bwyell barn Duw yn barod i dorri'r gwreiddiau i ffwrdd! Bydd pob coeden heb ffrwyth da yn tyfu arni yn cael ei thorri i lawr a'i thaflu i'r tân!"

[10] "Felly, beth ddylen ni ei wneud?" gofynnodd y dyrfa.

[11] Atebodd Ioan, "Os oes gynnoch chi ddwy gôt, rhowch un ohonyn nhw i berson tlawd sydd heb un o gwbl. A gwnewch yr un fath gyda bwyd."

[12] Roedd rhai oedd yn casglu trethi i'r Rhufeiniaid yn dod i gael eu bedyddio hefyd, a dyma nhw'n gofyn iddo, "Beth ddylen ni ei wneud, athro?"

[13] "Peidio casglu mwy o arian nag y dylech chi," meddai wrthyn nhw.

[14] "A beth ddylen ni ei wneud?" meddai rhyw filwyr ddaeth ato.

"Peidiwch dwyn arian oddi ar bobl", oedd ateb Ioan iddyn nhw, "a pheidiwch cyhuddo pobl ar gam er mwyn gwneud arian. Byddwch yn fodlon ar eich cyflog."

[15] Roedd pobl yn teimlo fod rhywbeth mawr ar fin digwydd, a phawb yn dechrau meddwl tybed ai Ioan oedd y Meseia. [16] Ond ateb Ioan iddyn nhw i gyd oedd, "Dŵr dw i'n ei ddefnyddio i'ch bedyddio chi. Ond mae un llawer mwy grymus na fi yn dod yn fuan — rhywun sydd mor bwysig, fyddwn i ddim yn deilwng o fod yn gaethwas sy'n datod carrai ei sandalau hyd yn oed! Bydd hwnnw yn eich bedyddio chi gyda'r Ysbryd Glân a gyda thân. [17] Mae ganddo fforch nithio yn ei law i wahanu'r grawn a'r us. Bydd yn clirio'r llawr dyrnu, yn casglu'r gwenith i'w ysgubor ac yn llosgi'r us mewn tân sydd byth yn diffodd."

of Zechariah in the desert. ³So John went throughout the whole territory of the River Jordan, preaching, "Turn away from your sins and be baptized, and God will forgive your sins."

⁴ As it is written in the book of the prophet Isaiah:
  "Someone is shouting in the desert:
    'Get the road ready for the Lord;
      make a straight path for him to travel!
  ⁵ Every valley must be filled up,
      every hill and mountain levelled off.
    The winding roads must be made straight,
      and the rough paths made smooth.
  ⁶ The whole human race will see God's salvation!'"

⁷Crowds of people came out to John to be baptized by him. "You snakes!" he said to them. "Who told you that you could escape from the punishment God is about to send? ⁸Do those things that will show that you have turned from your sins. And don't start saying among yourselves that Abraham is your ancestor. I tell you that God can take these stones and make descendants for Abraham! ⁹The axe is ready to cut down the trees at the roots; every tree that does not bear good fruit will be cut down and thrown in the fire."

¹⁰The people asked him, "What are we to do, then?"

¹¹He answered, "Whoever has two shirts must give one to the man who has none, and whoever has food must share it."

¹²Some tax collectors came to be baptized, and they asked him, "Teacher, what are we to do?"

¹³"Don't collect more than is legal," he told them.

¹⁴Some soldiers also asked him, "What about us? What are we to do?"

He said to them, "Don't take money from anyone by force or accuse anyone falsely. Be content with your pay."

¹⁵People's hopes began to rise, and they began to wonder whether John perhaps might be the Messiah. ¹⁶So John said to all of them, "I baptize you with water, but someone is coming who is much greater than I am. I am not good enough even to untie his sandals. He will baptize you with the Holy Spirit and fire. ¹⁷He has his winnowing shovel with him, to thresh out all the grain and gather the wheat into his barn; but he will burn the chaff in a fire that never goes out."

3.4–6: Is 40.3–5 (LXX)   **3.7:** Mt 12.34; 23.33   **3.8:** Jn 8.33   **3.9:** Mt 7.19   **3.12:** Lk 7.29

[18]Roedd Ioan yn dweud llawer o bethau eraill tebyg wrth annog y bobl a chyhoeddi'r newyddion da iddyn nhw. [19]Ond yna dyma Ioan yn ceryddu Herod, y llywodraethwr, yn gyhoeddus. Ei geryddu am ei berthynas gyda Herodias, gwraig ei frawd, ac am lawer o bethau drwg eraill roedd wedi eu gwneud. [20]A'r canlyniad oedd i Herod ychwanegu at weddill y drygioni a wnaeth drwy roi Ioan yn y carchar.

Hanes bedydd Iesu
(Mathew 3:13-17; Marc 1:9-11)

[21]Pan oedd Ioan wrthi'n bedyddio'r bobl i gyd, dyma Iesu'n dod i gael ei fedyddio hefyd. Wrth iddo weddïo, dyma'r awyr yn rhwygo'n agored [22]a'r Ysbryd Glân yn disgyn arno — ar ffurf colomen. A dyma lais o'r nefoedd yn dweud: "Ti ydy fy Mab annwyl i; rwyt ti wedi fy mhlesio i'n llwyr."

Llinach Iesu
(Mathew 1:1-17)

[23]Roedd Iesu tua tri deg mlwydd oed pan ddechreuodd deithio o gwmpas yn dysgu'r bobl a iacháu. Roedd pawb yn cymryd ei fod yn fab i Joseff, oedd yn fab i Eli, [24]mab Mathat, mab Lefi, mab Melci, mab Janai, mab Joseff, [25]mab Matathïas, mab Amos, mab Nahum, mab Esli, mab Nagai, [26]mab Maath, mab Matathïas, mab Semein, mab Josech, mab Joda, [27]mab Joanan, mab Rhesa, mab Sorobabel, mab Shealtiel, mab Neri, [28]mab Melci, mab Adi, mab Cosam, mab Elmadam, mab Er, [29]mab Josua, mab Elieser, mab Jorim, mab Mathat, mab Lefi, [30]mab Simeon, mab Jwda, mab Joseff, mab Jonam, mab Eliacim, [31]mab Melea, mab Menna, mab Matatha, mab Nathan, mab Dafydd, [32]mab Jesse, mab Obed, mab Boas, mab Salmon, mab Nahson, [33]mab Aminadab, mab Admin, mab Ram,* mab Hesron, mab Peres, mab Jwda, [34]mab Jacob, mab Isaac, mab Abraham, mab Tera, mab Nachor, [35]mab Serwg, mab Reu, mab Peleg, mab Eber, mab Sela, [36]mab Cenan, mab Arffacsad, mab Shem, mab Noa, mab Lamech, [37]mab Methwsela, mab Enoch, mab Jared, mab Mahalal-el, mab Cenan, [38]mab Enosh, mab Seth, mab Adda, mab Duw.

---

* *Aminadab ... Ram* Groeg, "mab Aminadab, mab Admin, mab Arni." Llawysgrifau yn amrywio'n fawr yma.

[18]In many different ways John preached the Good News to the people and urged them to change their ways. [19]But John reprimanded Herod, the governor, because he had married Herodias, his brother's wife, and had done many other evil things. [20]Then Herod did an even worse thing by putting John in prison.

The Baptism of Jesus

(Mt 3.13–17; Mk 1.9–11)

[21]After all the people had been baptized, Jesus also was baptized. While he was praying, heaven was opened, [22]and the Holy Spirit came down upon him in bodily form like a dove. And a voice came from heaven, "You are my own dear Son. I am pleased with you."

The Ancestors of Jesus

(Mt 1.1–17)

[23]When Jesus began his work, he was about thirty years old. He was the son, so people thought, of Joseph, who was the son of Heli, [24]the son of Matthat, the son of Levi, the son of Melchi, the son of Jannai, the son of Joseph, [25]the son of Mattathias, the son of Amos, the son of Nahum, the son of Esli, the son of Naggai, [26]the son of Maath, the son of Mattathias, the son of Semein, the son of Josech, the son of Joda, [27]the son of Joanan, the son of Rhesa, the son of Zerubbabel, the son of Shealtiel, the son of Neri, [28]the son of Melchi, the son of Addi, the son of Cosam, the son of Elmadam, the son of Er, [29]the son of Joshua, the son of Eliezer, the son of Jorim, the son of Matthat, the son of Levi, [30]the son of Simeon, the son of Judah, the son of Joseph, the son of Jonam, the son of Eliakim, [31]the son of Melea, the son of Menna, the son of Mattatha, the son of Nathan, the son of David, [32]the son of Jesse, the son of Obed, the son of Boaz, the son of Salmon, the son of Nahshon, [33]the son of Amminadab, the son of Admin, the son of Arni, the son of Hezron, the son of Perez, the son of Judah, [34]the son of Jacob, the son of Isaac, the son of Abraham, the son of Terah, the son of Nahor, [35]the son of Serug, the son of Reu, the son of Peleg, the son of Eber, the son of Shelah, [36]the son of Cainan, the son of Arphaxad, the son of Shem, the son of Noah, the son of Lamech, [37]the son of Methuselah, the son of Enoch, the son of Jared, the son of Mahalalel, the son of Kenan, [38]the son of Enosh, the son of Seth, the son of Adam, the son of God.

3.19–20: Mt 14.3–4; Mk 6.17–18   **3.22:** Gen 22.2; Ps 2.7; Is 42.1; Mt 3.17; Mk 1.11; Lk 9.35

Iesu yn cael ei demtio
(Mathew 4:1-11; Marc 1:12,13)

4 Roedd Iesu'n llawn o'r Ysbryd Glân pan aeth yn ôl o ardal yr Iorddonen. Gadawodd i'r Ysbryd ei arwain i'r anialwch, ²lle cafodd ei demtio gan y diafol am bedwar deg diwrnod. Wnaeth Iesu ddim bwyta o gwbl yn ystod y dyddiau yna, ac erbyn y diwedd roedd yn llwgu.

³Dyma'r diafol yn dweud wrtho, "Os mai Mab Duw wyt ti, gwna i'r garreg yma droi'n dorth o fara."

⁴Atebodd Iesu, "Na! Mae'r ysgrifau sanctaidd yn dweud *'Dim bwyd ydy'r unig beth mae pobl ei angen i fyw.'* "

⁵Dyma'r diafol yn ei arwain i le uchel ac yn dangos holl wledydd y byd iddo mewn eiliad. ⁶Ac meddai'r diafol wrtho, "Gwna i adael i ti reoli'r rhain i gyd, a chael eu cyfoeth nhw hefyd. Mae'r cwbl wedi eu rhoi i mi, ac mae gen i hawl i'w rhoi nhw i bwy bynnag dw i'n ei ddewis. ⁷Felly, os gwnei di fy addoli i, cei di'r cwbl."

⁸Atebodd Iesu, "Mae'r ysgrifau sanctaidd yn dweud: *'Addola'r Arglwydd dy Dduw, a'i wasanaethu e yn unig.'* "

⁹Dyma'r diafol yn mynd â Iesu i Jerwsalem a gwneud iddo sefyll ar y tŵr uchaf un yn y deml. "Os mai Mab Duw wyt ti," meddai, "neidia i lawr o'r fan yma. ¹⁰Mae'r ysgrifau sanctaidd yn dweud:

> *'Bydd Duw yn gorchymyn i'w angylion*
>   *dy gadw'n saff;*
> ¹¹ *byddan nhw'n dy ddal yn eu breichiau,*
>   *fel na fyddi'n taro dy droed ar garreg.'* "

¹²Atebodd Iesu, "Mae'r ysgrifau sanctaidd yn dweud hefyd: *'Paid rhoi'r Arglwydd dy Dduw ar brawf.'* "

¹³Pan oedd y diafol wedi ceisio temtio Iesu bob ffordd bosib, gadawodd iddo nes i gyfle arall godi.

Iesu yn dechrau ei weinidogaeth yn Galilea
(Mathew 4:12-17; Marc 1:14-15)

¹⁴Aeth Iesu yn ôl i Galilea yn llawn o nerth yr Ysbryd, ac aeth y sôn amdano ar led drwy'r ardal gyfan. ¹⁵Roedd yn dysgu yn y synagogau, ac yn cael ei ganmol gan bawb.

Iesu yn cael ei wrthod yn Nasareth
(Mathew 13:53-58; Marc 6:1-6)

¹⁶A daeth i Nasareth, lle cafodd ei fagu, a mynd i'r synagog ar y Saboth fel roedd yn arfer ei wneud. Safodd ar ei draed i ddarllen o'r

---

4:4 Deuteronomium 8:3   4:8 Deuteronomium 6:13; 10:20   4:10,11 Salm 91:11-12
4:12 Deuteronomium 6:16

The Temptation of Jesus
(Mt 4.1–11; Mk 1.12–13)

4 Jesus returned from the Jordan full of the Holy Spirit and was led by the Spirit into the desert, ²where he was tempted by the Devil for forty days. In all that time he ate nothing, so that he was hungry when it was over.

³The Devil said to him, "If you are God's Son, order this stone to turn into bread."

⁴But Jesus answered, "The scripture says, 'Human beings cannot live on bread alone.'"

⁵Then the Devil took him up and showed him in a second all the kingdoms of the world. ⁶"I will give you all this power and all this wealth," the Devil told him. "It has all been handed over to me, and I can give it to anyone I choose. ⁷All this will be yours, then, if you worship me."

⁸Jesus answered, "The scripture says, 'Worship the Lord your God and serve only him!'"

⁹Then the Devil took him to Jerusalem and set him on the highest point of the Temple, and said to him, "If you are God's Son, throw yourself down from here. ¹⁰For the scripture says, 'God will order his angels to take good care of you.' ¹¹It also says, 'They will hold you up with their hands so that not even your feet will be hurt on the stones.'"

¹²But Jesus answered, "The scripture says, 'Do not put the Lord your God to the test.'"

¹³When the Devil finished tempting Jesus in every way, he left him for a while.

Jesus Begins his Work in Galilee
(Mt 4.12–17; Mk 1.14–15)

¹⁴Then Jesus returned to Galilee, and the power of the Holy Spirit was with him. The news about him spread throughout all that territory. ¹⁵He taught in the synagogues and was praised by everyone.

Jesus is Rejected at Nazareth
(Mt 13.53–58; Mk 6.1–6)

¹⁶Then Jesus went to Nazareth, where he had been brought up, and on the Sabbath he went as usual to the synagogue. He stood up

---

4.4: Deut 8.3   4.8: Deut 6.13   4.10: Ps 91.11   4.11: Ps 91.12   4.12: Deut 6.16

ysgrifau sanctaidd. [17]Sgrôl proffwydoliaeth Eseia gafodd ei roi iddo,
a dyma fe'n ei hagor, a dod o hyd i'r darn sy'n dweud:

[18] *"Mae Ysbryd yr Arglwydd arna i,*
     oherwydd mae wedi fy eneinio i
     i gyhoeddi newyddion da i bobl dlawd.
   Mae wedi fy anfon i gyhoeddi fod y rhai sy'n gaeth i gael rhyddid,
     a pobl sy'n ddall i gael eu golwg yn ôl,
     a'r rhai sy'n cael eu cam-drin i ddianc o afael y gormeswr,
  [19] *a dweud hefyd fod y flwyddyn i'r Arglwydd ddangos ei ffafr wedi*
        dod."

[20]Caeodd y sgrôl a'i rhoi yn ôl i'r dyn oedd yn arwain yr oedfa yn
y synagog, ac yna eisteddodd. Roedd pawb yn y synagog yn syllu
arno. [21]Yna dwedodd, "Mae'r geiriau yma o'r ysgrifau sanctaidd wedi
dod yn wir heddiw."

[22]Roedd pawb yn dweud pethau da amdano, ac yn rhyfeddu at
y pethau gwych roedd yn eu dweud. "Onid mab Joseff ydy hwn?"
medden nhw.

[23]Yna dwedodd Iesu wrthyn nhw, "Mae'n siŵr y byddwch chi'n
cyfeirio at yr hen ddywediad: 'Iachâ dy hun, feddyg!' hynny ydy,
'y math o beth dŷn ni wedi ei glywed i ti eu gwneud yn Capernaum,
gwna yma yn dy dref dy hun.' "

[24]"Ond y gwir plaen ydy, does dim parch at broffwyd yn y dre lle
cafodd ei fagu! [25]Gallwch fod yn reit siŵr fod llawer iawn o wragedd
gweddwon yn Israel yn amser y proffwyd Elias. Wnaeth hi ddim
glawio am dair blynedd a hanner ac roedd newyn trwm drwy'r wlad
i gyd. [26]Ond chafodd Elias mo'i anfon at yr un ohonyn nhw. Cafodd
ei anfon at wraig o wlad arall — gwraig weddw yn Sareffat yn ardal
Sidon! [27]Ac roedd llawer o bobl yn Israel yn dioddef o'r gwahanglwyf
pan oedd y proffwyd Eliseus yn fyw. Ond Naaman o wlad Syria oedd
yr unig un gafodd ei iacháu!"

[28]Roedd pawb yn y synagog wedi gwylltio wrth ei glywed yn
dweud hyn. [29]Dyma nhw'n codi ar eu traed a gyrru Iesu allan o'r dref
i ben y bryn roedd y dre wedi ei hadeiladu arno. Roedden nhw'n
bwriadu ei daflu dros y clogwyn, [30]ond llwyddodd i fynd drwy ganol
y dyrfa ac aeth ymlaen ar ei daith.

Iesu'n bwrw allan ysbryd drwg
(Marc 1:21-28)

[31]Aeth i Capernaum, un o drefi Galilea, a dechrau dysgu'r bobl yno
ar y Saboth. [32]Roedd pawb yn rhyfeddu at beth roedd yn ei ddysgu,
am fod ei neges yn gwneud i bobl wrando arno.

4:18,19 Eseia 61:1,2; 58:6 (LXX)   4:25 gw. 1 Brenhinoedd 17:1
4:26 gw. 1 Brenhinoedd 17:8-16   4:27 2 Brenhinoedd 5:1-14

to read the Scriptures [17]and was handed the book of the prophet Isaiah. He unrolled the scroll and found the place where it is written:

[18] "The Spirit of the Lord is upon me,
  because he has chosen me to bring good news to the poor.
He has sent me to proclaim liberty to the captives
  and recovery of sight to the blind;
to set free the oppressed

[19]   and announce that the time has come
  when the Lord will save his people."

[20]Jesus rolled up the scroll, gave it back to the attendant, and sat down. All the people in the synagogue had their eyes fixed on him, [21]as he said to them, "This passage of scripture has come true today, as you heard it being read."

[22]They were all well impressed with him and marvelled at the eloquent words that he spoke. They said, "Isn't he the son of Joseph?"

[23]He said to them, "I am sure that you will quote this proverb to me, 'Doctor, heal yourself.' You will also tell me to do here in my home town the same things you heard were done in Capernaum. [24]I tell you this," Jesus added, "prophets are never welcomed in their home town.

[25]"Listen to me: it is true that there were many widows in Israel during the time of Elijah, when there was no rain for 3.5 years and a severe famine spread throughout the whole land. [26]Yet Elijah was not sent to anyone in Israel, but only to a widow living in Zarephath in the territory of Sidon. [27]And there were many people suffering from a dreaded skin disease who lived in Israel during the time of the prophet Elisha; yet not one of them was healed, but only Naaman the Syrian."

[28]When the people in the synagogue heard this, they were filled with anger. [29]They rose up, dragged Jesus out of the town, and took him to the top of the hill on which their town was built. They meant to throw him over the cliff, [30]but he walked through the middle of the crowd and went his way.

A Man with an Evil Spirit
(Mk 1.21–28)

[31]Then Jesus went to Capernaum, a town in Galilee, where he taught the people on the Sabbath. [32]They were all amazed at the

---

4.18–19: Is 61.1–2 (LXX)   4.24: Jn 4.44   4.25: 1 Kgs 17.1   4.26: 1 Kgs 17.8–16
4.27: 2 Kgs 5.1–14   4.32: Mt 7.28–29

33Un tro dyma rhyw ddyn oedd yn y synagog yn rhoi sgrech uchel. (Roedd y dyn wedi ei feddiannu gan gythraul, hynny ydy ysbryd drwg). 34"Aaaaar! Gad di lonydd i ni, Iesu o Nasareth. Rwyt ti yma i'n dinistrio ni. Dw i'n gwybod pwy wyt ti — Un Sanctaidd Duw!"

35"Bydd ddistaw!" meddai Iesu'n ddig. "Tyrd allan ohono!" A dyma'r cythraul yn taflu'r dyn ar lawr o flaen pawb, yna daeth allan ohono heb wneud dim mwy o niwed iddo.

36Roedd pawb wedi cael sioc, ac yn gofyn, "Beth sy'n mynd ymlaen? Mae ganddo'r fath awdurdod! Mae hyd yn oed yn gallu gorfodi ysbrydion drwg i ufuddhau iddo a dod allan o bobl!" 37Aeth y newyddion amdano ar led fel tân gwyllt drwy'r ardal i gyd.

Iesu'n iacháu llawer o bobl
(Mathew 8:14-17; Marc 1:29-34)

38Dyma Iesu'n gadael y synagog ac yn mynd i gartref Simon. Yno roedd mam-yng-nghyfraith Simon yn sâl iawn gyda gwres uchel. Dyma nhw'n gofyn i Iesu ei helpu hi. 39Plygodd Iesu drosti a gorchymyn i'r gwres i fynd, a diflannodd y tymheredd oedd ganddi yn y fan a'r lle! Yna dyma hi'n codi o'i gwely a gwneud pryd o fwyd iddyn nhw.

40Ar ôl i'r haul fachlud roedd y Saboth drosodd, a daeth pobl at Iesu gyda'u perthnasau oedd yn dioddef o bob math o salwch. Roedd yn eu hiacháu drwy roi ei ddwylo ar bob un ohonyn nhw. 41A daeth cythreuliaid allan o lawer o bobl hefyd. Roedden nhw'n gweiddi, "Mab Duw wyt ti!" am eu bod yn gwybod yn iawn mai Iesu oedd y Meseia, ond roedd yn gwrthod gadael iddyn nhw ddweud dim byd mwy.

Pregethu yn y synagogau
(Marc 1:35-39)

42Wrth iddi wawrio y bore wedyn aeth Iesu i ffwrdd i le unig. Roedd tyrfaoedd o bobl yn edrych amdano, ac ar ôl ei gael dyma nhw'n ceisio ei stopio rhag mynd. 43Ond meddai Iesu, "Rhaid i mi gyhoeddi'r newyddion da am Dduw yn teyrnasu yn y trefi eraill hefyd. Dyna pam dw i wedi cael fy anfon yma." 44Felly aeth ati i bregethu yn y synagogau drwy wlad Jwdea.*

Galw'r disgyblion cyntaf
(Mathew 4:18-22; Marc 1:16-20)

5 Un diwrnod roedd Iesu'n sefyll ar lan Llyn Galilea,* ac roedd tyrfa o bobl o'i gwmpas yn gwthio ymlaen i wrando ar neges

---

* *Jwdea:* Mae rhai llawysgrifau yn dweud *Galilea.*
* *Llyn Galilea:* Groeg, "Llyn Genesaret." Enw arall ar Lyn Galilea.

way he taught, because he spoke with authority. ³³In the synagogue was a man who had the spirit of an evil demon in him; he screamed out in a loud voice, ³⁴"Ah! What do you want with us, Jesus of Nazareth? Are you here to destroy us? I know who you are: you are God's holy messenger!"

³⁵Jesus ordered the spirit, "Be quiet and come out of the man!" The demon threw the man down in front of them and went out of him without doing him any harm.

³⁶The people were all amazed and said to one another, "What kind of words are these? With authority and power this man gives orders to the evil spirits, and they come out!" ³⁷And the report about Jesus spread everywhere in that region.

Jesus Heals Many People
(Mt 8.14–17; Mk 1.29–34)

³⁸Jesus left the synagogue and went to Simon's house. Simon's mother-in-law was sick with a high fever, and they spoke to Jesus about her. ³⁹He went and stood at her bedside and ordered the fever to leave her. The fever left her, and she got up at once and began to wait on them.

⁴⁰After sunset all who had friends who were sick with various diseases brought them to Jesus; he placed his hands on every one of them and healed them all. ⁴¹Demons also went out from many people, screaming, "You are the Son of God!"

Jesus gave the demons an order and would not let them speak, because they knew that he was the Messiah.

Jesus Preaches in the Synagogues
(Mk 1.35–39)

⁴²At daybreak Jesus left the town and went off to a lonely place. The people started looking for him, and when they found him, they tried to keep him from leaving. ⁴³But he said to them, "I must preach the Good News about the Kingdom of God in other towns also, because that is what God sent me to do."

⁴⁴So he preached in the synagogues throughout the country.

Jesus Calls the First Disciples
(Mt 4.18–22; Mk 1.16–20)

5 One day Jesus was standing on the shore of Lake Gennesaret while the people pushed their way up to him to listen to

Duw. ²Gwelodd fod dau gwch wedi eu gadael ar y lan tra roedd y pysgotwyr wrthi'n golchi eu rhwydi. ³Aeth i mewn i un o'r cychod, a gofyn i Simon, y perchennog, ei wthio allan ychydig oddi wrth y lan. Yna eisteddodd a dechrau dysgu'r bobl o'r cwch.

⁴Pan oedd wedi gorffen siarad dwedodd wrth Simon, "Dos â'r cwch allan lle mae'r dŵr yn ddwfn, a gollwng y rhwydi i ti gael dalfa o bysgod."

⁵"Meistr," meddai Simon wrtho, "buon ni'n gweithio'n galed drwy'r nos neithiwr heb ddal dim byd! Ond am mai ti sy'n gofyn, gollynga i y rhwydi."

⁶Dyna wnaethon nhw a dyma nhw'n dal cymaint o bysgod nes i'r rhwydi ddechrau rhwygo. ⁷Dyma nhw'n galw ar eu partneriaid yn y cwch arall i ddod i'w helpu. Pan ddaeth y rheiny, cafodd y ddau gwch eu llenwi â chymaint o bysgod nes eu bod bron â suddo!

⁸Pan welodd Simon Pedr beth oedd wedi digwydd, syrthiodd ar ei liniau o flaen Iesu a dweud, "Dos i ffwrdd oddi wrtho i, Arglwydd; dw i'n ormod o bechadur!" ⁹Roedd Simon a'i gydweithwyr wedi dychryn wrth weld faint o bysgod gafodd eu dal; ¹⁰ac felly hefyd partneriaid Simon — Iago ac Ioan, meibion Sebedeus. Dyma Iesu'n dweud wrth Simon, "Paid bod ofn; o hyn ymlaen byddi di'n dal pobl yn lle pysgod." ¹¹Felly ar ôl llusgo eu cychod i'r lan, dyma nhw'n gadael popeth i fynd ar ei ôl.

Dyn yn dioddef o'r gwahanglwyf
(Mathew 8:1-4; Marc 1:40-45)

¹²Yn un o'r trefi dyma Iesu'n cyfarfod dyn oedd â gwahanglwyf dros ei gorff i gyd. Pan welodd hwnnw Iesu, syrthiodd ar ei wyneb ar lawr a chrefu am gael ei iacháu, "Arglwydd, gelli di fy ngwneud i'n iach os wyt ti eisiau."

¹³Dyma Iesu yn estyn ei law a chyffwrdd y dyn. "Dyna dw i eisiau," meddai, "bydd lân!" A'r eiliad honno dyma'r gwahanglwyf yn diflannu.

¹⁴Ar ôl ei rybuddio i beidio dweud wrth neb beth oedd wedi digwydd, dyma Iesu'n dweud wrtho, "Dos i ddangos dy hun i'r offeiriad. Ac fel y dwedodd Moses, dos ag offrwm gyda ti, yn dystiolaeth i'r bobl dy fod ti wedi cael dy iacháu."*

¹⁵Ond roedd y newyddion amdano yn mynd ar led fwy a mwy. Roedd tyrfaoedd mawr o bobl yn dod i wrando arno ac i gael eu hiacháu. ¹⁶Ond byddai Iesu'n aml yn mynd o'r golwg i leoedd unig yn yr anialwch i weddïo.

---

* *Dos i ddangos ... iacháu:* Os oedd rhywun yn cael ei iacháu o glefyd heintus ar y croen roedd rhaid i offeiriad ei archwilio, a chyhoeddi fod y person yn iach. Wedyn roedd rhaid cyflwyno offrwm o ddau oen gwryw ac un oen benyw a blawd wedi ei gymysgu gyda olew olewydd.
5:14 Lefiticus 14:1-32

the word of God. [2]He saw two boats pulled up on the beach; the fishermen had left them and were washing the nets. [3]Jesus got into one of the boats — it belonged to Simon — and asked him to push off a little from the shore. Jesus sat in the boat and taught the crowd.

[4]When he finished speaking, he said to Simon, "Push the boat out further to the deep water, and you and your partners let down your nets for a catch."

[5]"Master," Simon answered, "we worked hard all night long and caught nothing. But if you say so, I will let down the nets." [6]They let them down and caught such a large number of fish that the nets were about to break. [7]So they motioned to their partners in the other boat to come and help them. They came and filled both boats so full of fish that the boats were about to sink. [8]When Simon Peter saw what had happened, he fell on his knees before Jesus and said, "Go away from me, Lord! I am a sinful man!"

[9]He and the others with him were all amazed at the large number of fish they had caught. [10]The same was true of Simon's partners, James and John, the sons of Zebedee. Jesus said to Simon, "Don't be afraid; from now on you will be catching people."

[11]They pulled the boats up on the beach, left everything, and followed Jesus.

Jesus Heals a Man
(Mt 8.1–4; Mk 1.40–45)

[12]Once Jesus was in a town where there was a man who was suffering from a dreaded skin disease. When he saw Jesus, he threw himself down and begged him, "Sir, if you want to, you can make me clean!"[*]

[13]Jesus stretched out his hand and touched him. "I do want to," he answered. "Be clean!" At once the disease left the man. [14]Jesus ordered him, "Don't tell anyone, but go straight to the priest and let him examine you; then to prove to everyone that you are cured, offer the sacrifice as Moses ordered."

[15]But the news about Jesus spread all the more widely, and crowds of people came to hear him and be healed from their diseases. [16]But he would go away to lonely places, where he prayed.

---

* *make me clean:* This disease was considered to make a person ritually unclean.
5.5: Jn 21.3   **5.6:** Jn 21.6   **5.14:** Lev 14.1–32

Iesu'n iacháu dyn wedi ei barlysu
(Mathew 9:1-8; Marc 2:1-12)

17Un diwrnod, pan oedd Iesu wrthi'n dysgu'r bobl, roedd Phariseaid ac arbenigwyr yn y Gyfraith yn eistedd, heb fod yn bell, yn gwrando arno. (Roedden nhw wedi dod yno o bob rhan o Galilea, a hefyd o Jwdea a Jerwsalem). Ac roedd nerth yr Arglwydd yn galluogi Iesu i iacháu pobl. 18A dyma ryw bobl yn dod â dyn oedd wedi ei barlysu ato, yn gorwedd ar fatras. Roedden nhw'n ceisio mynd i mewn i'w osod i orwedd o flaen Iesu. 19Pan wnaethon nhw fethu gwneud hynny am fod yno gymaint o dyrfa, dyma nhw'n mynd i fyny ar y to ac yn tynnu teils o'r to i'w ollwng i lawr ar ei fatras i ganol y dyrfa, reit o flaen Iesu.

20Pan welodd Iesu'r ffydd oedd ganddyn nhw, dwedodd wrth y dyn, "Mae dy bechodau wedi eu maddau."

21Dyma'r Phariseaid a'r arbenigwyr yn y Gyfraith yn dechrau meddwl, "Pwy ydy hwn, ei fod yn cablu fel hyn? Duw ydy'r unig un sy'n gallu maddau pechodau!"

22Roedd Iesu'n gwybod beth oedd yn mynd trwy'u meddyliau, a gofynnodd iddyn nhw, "Pam dych chi'n meddwl mod i'n cablu? 23Beth ydy'r peth hawsaf i'w ddweud — 'Mae dy bechodau wedi eu maddau,' neu 'Cod ar dy draed a cherdda'? 24Cewch weld fod gen i, Fab y Dyn, hawl i faddau pechodau ar y ddaear." A dyma Iesu'n troi at y dyn oedd wedi ei barlysu a dweud wrtho, "Cod ar dy draed, cymer dy fatras, a dos adre." 25A dyna'n union wnaeth y dyn! Cododd ar ei draed o flaen pawb yn y fan a'r lle, cymryd y fatras roedd wedi bod yn gorwedd arni, ac aeth adre gan foli Duw. 26Roedd pawb wedi eu syfrdanu'n llwyr ac roedden nhw hefyd yn moli Duw. "Dŷn ni wedi gweld pethau anhygoel heddiw," medden nhw.

Galw Lefi
(Mathew 9:9-13; Marc 2:13-17)

27Ar ôl hyn aeth Iesu allan a gwelodd un oedd yn casglu trethi i Rufain, dyn o'r enw Lefi, yn eistedd yn y swyddfa dollau lle roedd yn gweithio. "Tyrd, dilyn fi," meddai Iesu wrtho; 28a dyma Lefi'n codi ar unwaith, gadael popeth, a mynd ar ei ôl.

29Dyma Lefi'n trefnu parti mawr i Iesu yn ei dŷ, ac roedd criw mawr o ddynion oedd yn casglu trethi i Rufain a phobl eraill yno'n bwyta gyda nhw. 30Ond dyma'r Phariseaid a'u harbenigwyr nhw yn y Gyfraith yn cwyno i'w ddisgyblion, "Pam dych chi'n bwyta ac yfed gyda'r bradwyr sy'n casglu trethi i Rufain, a phobl eraill sy'n ddim byd ond 'pechaduriaid'?"

Jesus Heals a Paralysed Man
(Mt 9.1–8; Mk 2.1–12)

[17]One day when Jesus was teaching, some Pharisees and teachers of the Law were sitting there who had come from every town in Galilee and Judea and from Jerusalem. The power of the Lord was present for Jesus to heal the sick. [18]Some men came carrying a paralysed man on a bed, and they tried to take him into the house and put him in front of Jesus. [19]Because of the crowd, however, they could find no way to take him in. So they carried him up on the roof, made an opening in the tiles, and let him down on his bed into the middle of the group in front of Jesus. [20]When Jesus saw how much faith they had, he said to the man, "Your sins are forgiven, my friend."

[21]The teachers of the Law and the Pharisees began to say to themselves, "Who is this man who speaks such blasphemy! God is the only one who can forgive sins!"

[22]Jesus knew their thoughts and said to them, "Why do you think such things? [23]Is it easier to say, 'Your sins are forgiven you,' or to say, 'Get up and walk'? [24]I will prove to you, then, that the Son of Man has authority on earth to forgive sins." So he said to the paralysed man, "I tell you, get up, pick up your bed, and go home!"

[25]At once the man got up in front of them all, took the bed he had been lying on, and went home, praising God. [26]They were all completely amazed! Full of fear, they praised God, saying, "What marvellous things we have seen today!"

Jesus Calls Levi
(Mt 9.9–13; Mk 2.13–17)

[27]After this, Jesus went out and saw a tax collector named Levi, sitting in his office. Jesus said to him, "Follow me." [28]Levi got up, left everything, and followed him.

[29]Then Levi had a big feast in his house for Jesus, and among the guests was a large number of tax collectors and other people. [30]Some Pharisees and some teachers of the Law who belonged to their group complained to Jesus' disciples. "Why do you eat and drink with tax collectors and other outcasts?" they asked.

5.30: Lk 15.1–2

[31]Dyma Iesu'n eu hateb nhw, "Dim pobl iach sydd angen meddyg, ond pobl sy'n sâl. [32]Dw i wedi dod i alw pechaduriaid i droi at Dduw, dim y rhai sy'n meddwl eu bod nhw heb fai."

Holi Iesu am ymprydio
(Mathew 9:14-17; Marc 2:18-22)

[33]Dyma nhw'n dweud wrth Iesu, "Mae disgyblion Ioan yn ymprydio ac yn gweddïo'n aml, a disgyblion y Phariseaid yr un fath. Pam mae dy rai di yn dal ati i fwyta ac yfed drwy'r adeg?"

[34]Atebodd Iesu nhw, "Ydych chi'n gorfodi pobl sy'n mynd i wledd briodas i ymprydio? Maen nhw yno i ddathlu gyda'r priodfab! [35]Ond bydd y priodfab yn cael ei gymryd i ffwrdd oddi wrthyn nhw, a byddan nhw'n ymprydio bryd hynny."

[36]Yna dyma Iesu'n dweud fel hyn wrthyn nhw: "Does neb yn rhwygo darn o frethyn oddi ar ddilledyn newydd a'i ddefnyddio i drwsio hen ddilledyn. Byddai'r dilledyn newydd wedi ei rwygo, a'r darn newydd o frethyn ddim yn gweddu i'r hen. [37]A does neb yn tywallt gwin sydd heb aeddfedu i hen boteli crwyn. Byddai'r crwyn yn byrstio, y gwin yn cael ei golli a'r poteli yn cael eu difetha. [38]Na, rhaid defnyddio poteli crwyn newydd i'w ddal. [39]Ond y peth ydy, does neb eisiau'r gwin newydd ar ôl bod yn yfed yr hen win! 'Mae'n well gynnon ni'r hen win,' medden nhw!"

Arglwydd y Saboth
(Mathew 12:1-8; Marc 2:23-28)

6 Roedd Iesu'n croesi drwy ganol caeau ŷd ryw ddydd Saboth, a dyma'i ddisgyblion yn dechrau tynnu rhai o'r tywysennau ŷd, eu rhwbio yn eu dwylo a'u bwyta.* [2]Gofynnodd rhai o'r Phariseaid, "Pam dych chi'n torri rheolau'r Gyfraith ar y Saboth?"

[3]Atebodd Iesu, "Ydych chi ddim wedi darllen beth wnaeth Dafydd pan oedd e a'i ddilynwyr yn llwgu? [4]Aeth i mewn i dŷ Dduw a chymryd y bara oedd wedi ei gysegru a'i osod yn offrwm i Dduw. Mae'r Gyfraith yn dweud mai dim ond yr offeiriaid sy'n cael ei fwyta, ond cymerodd Dafydd beth, a'i roi i'w ddilynwyr hefyd." [5]Wedyn dyma Iesu'n dweud wrthyn nhw, "Mae gen i, Fab y Dyn, hawl i ddweud beth sy'n iawn ar y Saboth."

Y dyn â'r llaw ddiffrwyth
(Mathew 12:9-14; Marc 3:1-6)

[6]Ar ryw Saboth arall, roedd Iesu'n dysgu yn y synagog, ac roedd yno ddyn oedd â'i law dde yn ddiffrwyth. [7]Roedd y Phariseaid a'r

---

* *a'u bwyta:* Roedd gan deithwyr hawl i wneud hyn.
6:1 Deuteronomium 23:25   **6:3,4** gw. 1 Samuel 21:1-6   **6:4** gw. Lefiticus 24:9

³¹Jesus answered them, "People who are well do not need a doctor, but only those who are sick. ³²I have not come to call respectable people to repent, but outcasts."

The Question about Fasting
(Mt 9.14–17; Mk 2.18–22)

³³Some people said to Jesus, "The disciples of John fast frequently and offer prayers, and the disciples of the Pharisees do the same; but your disciples eat and drink."

³⁴Jesus answered, "Do you think you can make the guests at a wedding party go without food as long as the bridegroom is with them? Of course not! ³⁵But the day will come when the bridegroom will be taken away from them, and then they will fast."

³⁶Jesus also told them this parable: "No one tears a piece off a new coat to patch up an old coat. If he does, he will have torn the new coat, and the piece of new cloth will not match the old. ³⁷Nor does anyone pour new wine into used wineskins, because the new wine will burst the skins, the wine will pour out, and the skins will be ruined. ³⁸Instead, new wine must be poured into fresh wineskins! ³⁹And no one wants new wine after drinking old wine. 'The old is better,' he says."

The Question about the Sabbath
(Mt 12.1–8; Mk 2.23–28)

6 Jesus was walking through some cornfields on the Sabbath. His disciples began to pick the ears of corn, rub them in their hands, and eat the grain. ²Some Pharisees asked, "Why are you doing what our Law says you cannot do on the Sabbath?"

³Jesus answered them, "Haven't you read what David did when he and his men were hungry? ⁴He went into the house of God, took the bread offered to God, ate it, and gave it also to his men. Yet it is against our Law for anyone except the priests to eat that bread."

⁵And Jesus concluded, "The Son of Man is Lord of the Sabbath."

The Man with a Paralysed Hand
(Mt 12.9–14; Mk 3.1–6)

⁶On another Sabbath Jesus went into a synagogue and taught. A man was there whose right-hand was paralysed. ⁷Some teachers

---

6.1: Deut 23.25   **6.3–4**: 1 Sam 21.1–6   **6.4**: Lev 24.9

arbenigwyr yn y Gyfraith yn ei wylio'n ofalus — oedd e'n mynd i iacháu'r dyn yma ar y Saboth? Roedden nhw'n edrych am unrhyw esgus i ddwyn cyhuddiad yn ei erbyn. [8]Ond roedd Iesu'n gwybod beth oedd yn mynd trwy'u meddyliau nhw, a galwodd y dyn ato, "Tyrd yma i sefyll o flaen pawb." Felly cododd ar ei draed a sefyll lle gallai pawb ei weld.

[9]"Gadewch i mi ofyn i chi," meddai Iesu wrth y rhai oedd eisiau ei gyhuddo, "beth mae'r Gyfraith yn ei ddweud sy'n iawn i'w wneud ar y dydd Saboth: pethau da neu bethau drwg? Achub bywyd neu ddinistrio bywyd?"

[10]Edrychodd Iesu arnyn nhw bob yn un, ac yna dwedodd wrth y dyn, "Estyn dy law allan." Gwnaeth hynny a chafodd y llaw ei gwella'n llwyr. [11]Roedden nhw'n wyllt gynddeiriog, a dyma nhw'n dechrau trafod gyda'i gilydd pa ddrwg y gallen nhw ei wneud i Iesu.

Y Deuddeg Cynrychiolydd
(Mathew 10:1-4; Marc 3:13-19)

[12]Rhyw ddiwrnod aeth Iesu i ben mynydd i weddïo, a buodd wrthi drwy'r nos yn gweddïo ar Dduw. [13]Pan ddaeth hi'n fore, galwodd ei ddisgyblion ato a dewis deuddeg ohonyn nhw fel ei gynrychiolwyr personol: [14]Simon (yr un roedd Iesu'n ei alw'n Pedr), Andreas (brawd Pedr) Iago, Ioan, Philip, Bartholomeus, [15]Mathew, Tomos, Iago fab Alffeus, Simon (oedd yn cael ei alw 'y Selot'), [16]Jwdas fab Iago, a Jwdas Iscariot a drodd yn fradwr.

Iesu'n dysgu a iacháu
(Mathew 4:23-25)

[17]Yna aeth i lawr i le gwastad. Roedd tyrfa fawr o'i ddilynwyr gydag e, a nifer fawr o bobl eraill o bob rhan o Jwdea, ac o Jerwsalem a hefyd o arfordir Tyrus a Sidon yn y gogledd. [18]Roedden nhw wedi dod i wrando arno ac i gael eu hiacháu. Cafodd y rhai oedd yn cael eu poeni gan ysbrydion drwg eu gwella, [19]ac roedd pawb yn ceisio'i gyffwrdd am fod nerth yn llifo ohono ac yn eu gwella nhw i gyd.

Bendithion a Melltithion
(Mathew 5:1-12)

[20]Yna trodd Iesu at ei ddisgyblion, a dweud:
"Dych chi sy'n dlawd wedi'ch bendithio'n fawr,
   oherwydd mae Duw yn teyrnasu yn eich bywydau.

of the Law and some Pharisees wanted a reason to accuse Jesus of doing wrong, so they watched him closely to see if he would heal on the Sabbath. [8]But Jesus knew their thoughts and said to the man, "Stand up and come here to the front." The man got up and stood there. [9]Then Jesus said to them, "I ask you: what does our Law allow us to do on the Sabbath? To help or to harm? To save someone's life or destroy it?" [10]He looked around at them all; then he said* to the man, "Stretch out your hand." He did so, and his hand became well again.

[11]They were filled with rage and began to discuss among themselves what they could do to Jesus.

Jesus Chooses the Twelve Apostles
(Mt 10.1–4; Mk 3.13–19)

[12]At that time Jesus went up a hill to pray and spent the whole night there praying to God. [13]When day came, he called his disciples to him and chose twelve of them, whom he named apostles: [14]Simon (whom he named Peter) and his brother Andrew; James and John, Philip and Bartholomew, [15]Matthew and Thomas, James son of Alphaeus, and Simon (who was called the Patriot), [16]Judas son of James, and Judas Iscariot, who became the traitor.

Jesus Teaches and Heals
(Mt 4.23–25)

[17]When Jesus had come down from the hill with the apostles, he stood on a level place with a large number of his disciples. A large crowd of people was there from all over Judea and from Jerusalem and from the coastal cities of Tyre and Sidon; [18]they had come to hear him and to be healed of their diseases. Those who were troubled by evil spirits also came and were healed. [19]All the people tried to touch him, for power was going out from him and healing them all.

Happiness and Sorrow
(Mt 5.1–12)

[20]Jesus looked at his disciples and said,
    "Happy are you poor;
        the Kingdom of God is yours!

---

* *said;* some manuscripts have *said angrily.*

[21] Dych chi sy'n llwgu ar hyn o bryd wedi'ch bendithio'n fawr,
    oherwydd cewch chi wledd fydd yn eich bodloni'n llwyr ryw
    ddydd.

Dych chi sy'n crïo ar hyn o bryd wedi'ch bendithio'n fawr,
    oherwydd cewch chwerthin yn llawen ryw ddydd.

[22] Dych chi wedi'ch bendithio'n fawr pan fydd pobl yn eich casáu
    a'ch cau allan a'ch sarhau, a'ch enwau'n cael eu pardduo
    am eich bod yn perthyn i mi, Mab y Dyn.

[23]"Felly byddwch yn llawen pan mae'r pethau yma'n digwydd!
Neidiwch o lawenydd! Achos mae gwobr fawr i chi yn y nefoedd. Cofiwch
mai dyna'n union sut roedd hynafiaid y bobl yma yn trin y proffwydi.

[24] Ond gwae chi sy'n gyfoethog,
    oherwydd dych chi eisoes wedi cael eich bywyd braf.

[25] Gwae chi sydd â hen ddigon i'w fwyta,
    oherwydd daw'r dydd pan fyddwch chi'n llwgu.

Gwae chi sy'n chwerthin yn ddi-hid ar hyn o bryd,
    oherwydd byddwch yn galaru ac yn crïo.

[26] Gwae chi sy'n cael eich canmol gan bawb,
    oherwydd dyna roedd hynafiaid y bobl yma'n ei wneud i'r
    proffwydi ffug.

Caru Gelynion

(Mathew 5:38-48; 7:12a)

[27]"Dw i'n dweud wrthoch chi sy'n gwrando: Carwch eich gelynion,
gwnewch ddaioni i'r bobl sy'n eich casáu chi, [28]bendithiwch y rhai
sy'n eich melltithio chi, a gweddïwch dros y rhai sy'n eich cam-drin
chi. [29]Os ydy rhywun yn rhoi clatsien i ti ar un foch, tro'r foch arall
ato. Os ydy rhywun yn dwyn dy gôt, paid â'i rwystro rhag cymryd dy
grys hefyd. [30]Rho i bawb sy'n gofyn am rywbeth gen ti, ac os bydd
rhywun yn cymryd rhywbeth piau ti, paid â'i hawlio yn ôl. [31]Dylech
chi drin pobl eraill fel byddech chi'n hoffi iddyn nhw eich trin chi.

[32]"Pam dylech chi gael eich canmol am garu'r bobl hynny sy'n eich
caru chi? Mae hyd yn oed 'pechaduriaid' yn gwneud hynny! [33]Neu
am wneud ffafr i'r rhai sy'n gwneud ffafr i chi? Mae 'pechaduriaid' yn
gwneud hynny hefyd! [34]Neu os dych chi'n benthyg i'r bobl hynny
sy'n gallu'ch talu chi'n ôl, beth wedyn? Mae hyd yn oed 'pechaduriaid'
yn fodlon benthyg i'w pobl eu hunain — ac yn disgwyl cael eu talu
yn ôl yn llawn! [35]Carwch chi eich gelynion. Gwnewch ddaioni iddyn
nhw. Rhowch fenthyg iddyn nhw heb ddisgwyl cael dim byd yn ôl.
Cewch chi wobr fawr am wneud hynny. Bydd hi'n amlwg eich bod
yn blant i'r Duw Goruchaf, am mai dyna'r math o beth mae e'n ei
wneud — mae'n garedig i bobl anniolchgar a drwg. [36]Rhaid i chi fod
yn garedig, fel mae Duw eich tad yn garedig.

21 Happy are you who are hungry now;
     you will be filled!
Happy are you who weep now;
     you will laugh!

22 "Happy are you when people hate you, reject you, insult you, and say that you are evil, all because of the Son of Man! 23 Be glad when that happens, and dance for joy, because a great reward is kept for you in heaven. For their ancestors did the very same things to the prophets.

24 "But how terrible for you who are rich now;
     you have had your easy life!
25 How terrible for you who are full now;
     you will go hungry!
How terrible for you who laugh now;
     you will mourn and weep!
26 "How terrible when all people speak well of you; their ancestors said the very same things about the false prophets.

Love for Enemies
(Mt 5.38–48; 7.122)
27 "But I tell you who hear me: love your enemies, do good to those who hate you, 28 bless those who curse you, and pray for those who ill-treat you. 29 If anyone hits you on one cheek, let him hit the other one too; if someone takes your coat, let him have your shirt as well. 30 Give to everyone who asks you for something, and when someone takes what is yours, do not ask for it back. 31 Do for others just what you want them to do for you.

32 "If you love only the people who love you, why should you receive a blessing? Even sinners love those who love them! 33 And if you do good only to those who do good to you, why should you receive a blessing? Even sinners do that! 34 And if you lend only to those from whom you hope to get it back, why should you receive a blessing? Even sinners lend to sinners, to get back the same amount! 35 No! Love your enemies and do good to them; lend and expect nothing back. You will then have a great reward, and you will be children of the Most High God. For he is good to the ungrateful and the wicked. 36 Be merciful just as your Father is merciful.

....

6.22: 1 Pet 4.14   **6.23:** 2 Chr 36.16; Acts 7.52   **6.31:** Mt 7.12

Beirniadu pobl eraill

(Mathew 7:1-5)

[37]"Peidiwch bod yn feirniadol o bobl eraill, ac wedyn wnaiff Duw mo'ch barnu chi. Peidiwch eu condemnio nhw, a chewch chi mo'ch condemnio. Os gwnewch faddau i bobl eraill cewch chi faddeuant. [38]Os gwnewch roi, byddwch yn derbyn. Cewch lawer iawn mwy yn ôl — wedi ei wasgu i lawr, a'i ysgwyd i wneud lle i fwy! Bydd yn gorlifo! Y mesur dych chi'n ei ddefnyddio i roi fydd yn cael ei ddefnyddio i roi'n ôl i chi."

[39]Yna dyma Iesu'n dyfynnu'r hen ddywediad: "'Ydy dyn dall yn gallu arwain dyn dall arall?' Nac ydy wrth gwrs! Bydd y ddau yn disgyn i ffos gyda'i gilydd! [40]Dydy disgybl ddim yn dysgu ei athro — ond ar ôl cael ei hyfforddi'n llawn mae'n dod yn debyg i'w athro.

[41]"Pam rwyt ti'n poeni am y sbecyn o flawd llif sydd yn llygad rhywun arall, pan mae trawst o bren yn sticio allan o dy lygad di dy hun!? [42]Sut alli di ddweud, 'Gyfaill, gad i mi dynnu'r sbecyn yna sydd yn dy lygad di,' pan wyt ti'n methu'n lân â gweld dim am fod trawst yn sticio allan o dy lygad dy hun? Rwyt ti mor ddauwynebog! Tynna'r trawst allan o dy lygad dy hun yn gyntaf, ac wedyn byddi'n gweld yn ddigon clir i dynnu'r sbecyn allan o lygad y person arall.

Coeden a'i ffrwyth

(Mathew 7:17-20; 12:34b-35)

[43]"Dydy ffrwyth drwg ddim yn tyfu ar goeden iach, na ffrwyth da ar goeden wael. [44]Y ffrwyth sy'n dangos sut goeden ydy hi. Dydy ffigys ddim yn tyfu ar ddrain, na grawnwin ar fieri. [45]Mae pobl dda yn gwneud y daioni sydd wedi ei storio yn eu calonnau, a phobl ddrwg yn gwneud y drygioni sydd wedi ei storio yn eu calonnau nhw. Mae beth mae pobl yn ei ddweud yn dangos beth sydd yn eu calonnau nhw.

Yr adeiladwr call a'r adeiladwr twp

(Mathew 7:24-27)

[46]"Pam dych chi'n fy ngalw i'n 'Arglwydd' ac eto ddim yn gwneud beth dw i'n ei ddweud? [47]Gwna i ddangos i chi sut bobl ydy'r rhai sy'n gwrando arna i ac yna'n gwneud beth dw i'n ei ddweud. [48]Maen nhw fel dyn sy'n mynd ati i adeiladu tŷ ac yn tyllu'n ddwfn i wneud yn siŵr fod y sylfeini ar graig solet. Pan ddaw llifogydd, a llif y dŵr yn taro yn erbyn y tŷ hwnnw, bydd yn sefyll am ei fod wedi ei adeiladu'n dda. [49]Ond mae'r rhai sy'n gwrando arna i heb wneud beth dw i'n ei ddweud yn debyg i ddyn sy'n adeiladu tŷ heb osod sylfaen gadarn iddo. Pan fydd llif y dŵr yn taro yn erbyn y tŷ hwnnw, bydd yn syrthio'n syth ac yn cael ei ddinistrio'n llwyr."

Judging Others
(Mt 7.1–5)

37 "Do not judge others, and God will not judge you; do not condemn others, and God will not condemn you; forgive others, and God will forgive you. 38 Give to others, and God will give to you. Indeed, you will receive a full measure, a generous helping, poured into your hands — all that you can hold. The measure you use for others is the one that God will use for you."

39 And Jesus told them this parable: "One blind man cannot lead another one; if he does, both will fall into a ditch. 40 No pupil is greater than his teacher; but every pupil, when he has completed his training, will be like his teacher.

41 "Why do you look at the speck in your brother's eye, but pay no attention to the log in your own eye? 42 How can you say to your brother, 'Please, brother, let me take that speck out of your eye,' yet cannot even see the log in your own eye? You hypocrite! First take the log out of your own eye, and then you will be able to see clearly to take the speck out of your brother's eye.

A Tree and its Fruit
(Mt 7.16–20; 12.33–35)

43 "A healthy tree does not bear bad fruit, nor does a poor tree bear good fruit. 44 Every tree is known by the fruit it bears; you do not pick figs from thorn bushes or gather grapes from bramble bushes. 45 A good person brings good out of the treasure of good things in his heart; a bad person brings bad out of his treasure of bad things. For the mouth speaks what the heart is full of.

The Two House Builders
(Mt 7.24–27)

46 "Why do you call me, 'Lord, Lord,' and yet don't do what I tell you? 47 Anyone who comes to me and listens to my words and obeys them — I will show you what he is like. 48 He is like a man who, in building his house, dug deep and laid the foundation on rock. The river overflowed and hit that house but could not shake it, because it was well built. 49 But anyone who hears my words and does not obey them is like a man who built his house without laying a foundation; when the flood hit that house it fell at once — and what a terrible crash that was!"

6.39: Mt 15.14   6.40: Mt 10.24–25; Jn 13.16; 15.20   6.44: Mt 12.33   6.45: Mt 12.34

Ffydd y Swyddog Milwrol Rhufeinig
(Mathew 8:5-13; Ioan 4:43-54)

7 Ar ôl i Iesu orffen dweud hyn i gyd wrth y bobl, aeth i mewn i Capernaum. [2]Roedd gwas i swyddog milwrol Rhufeinig yn sâl ac ar fin marw. Roedd gan ei feistr feddwl uchel iawn ohono. [3]Pan glywodd y swyddog Rhufeinig am Iesu, anfonodd rai o'r arweinwyr Iddewig ato i ofyn iddo ddod i iacháu'r gwas. [4]Dyma nhw'n dod at Iesu ac yn pledio arno i helpu'r dyn. "Mae'r dyn yma yn haeddu cael dy help di. [5]Mae e'n caru ein pobl ni ac wedi adeiladu synagog i ni," medden nhw. [6]Felly dyma Iesu'n mynd gyda nhw. Roedd Iesu bron â chyrraedd y tŷ pan anfonodd y swyddog Rhufeinig rai o'i ffrindiau i ddweud wrtho: "Arglwydd, paid trafferthu dod yma, dw i ddim yn deilwng i ti ddod i mewn i nhŷ i. [7]Dyna pam wnes i ddim dod i dy gyfarfod di fy hun. Does ond rhaid i ti ddweud, a bydd fy ngwas yn cael ei iacháu. [8]Mae swyddogion uwch fy mhen i yn rhoi gorchmynion i mi, ac mae gen innau filwyr o danaf fi. Dw i'n dweud 'Dos' wrth un, ac mae'n mynd; 'Tyrd yma' wrth un arall ac mae'n dod. Dw i'n dweud 'Gwna hyn' wrth fy ngwas, ac mae'n ei wneud."

[9]Roedd Iesu wedi ei syfrdanu pan glywodd hyn. Trodd at y dyrfa oedd yn ei ddilyn, ac meddai, "Dw i'n dweud wrthoch chi, dw i ddim wedi gweld neb o bobl Israel sydd â ffydd fel yna!" [10]Dyma'r dynion oedd wedi eu hanfon ato yn mynd yn ôl i'r tŷ, a dyna lle roedd y gwas yn holliach!

Iesu'n dod â mab gwraig weddw yn ôl yn fyw
[11]Yn fuan wedyn, dyma Iesu'n mynd i dref o'r enw Nain. Roedd ei ddisgyblion a thyrfa fawr o bobl gydag e. [12]Pan oedd ar fin cyrraedd giât y dref roedd pobl mewn angladd ar y ffordd allan. Bachgen ifanc oedd wedi marw — unig fab rhyw wraig weddw. Roedd tyrfa fawr o bobl y dre yn yr angladd. [13]Pan welodd Iesu'r wraig weddw roedd yn teimlo drosti, ac meddai wrthi, "Paid crïo."

[14]Yna gwnaeth rywbeth cwbl annisgwyl — cyffwrdd yr arch! Dyma'r rhai oedd yn ei chario yn sefyll yn stond. "Fachgen ifanc," meddai Iesu, "dw i'n dweud wrthot ti am godi!" [15]A dyma'r bachgen oedd wedi marw yn codi ar ei eistedd a dechrau siarad. A dyma Iesu'n ei roi yn ôl i'w fam.

[16]Roedd pawb wedi eu syfrdanu'n llwyr, a dyma nhw'n dechrau moli Duw. "Mae proffwyd mawr wedi codi yn ein plith ni!" medden nhw. "Mae Duw wedi dod aton ni i helpu ei bobl." [17]Aeth yr hanes yma am Iesu ar led fel tân gwyllt, drwy Jwdea gyfan ac ymhellach na hynny.

Jesus Heals a Roman Officer's Servant

(Mt 8.5–13)

7 When Jesus had finished saying all these things to the people, he went to Capernaum. ²A Roman officer there had a servant who was very dear to him; the man was sick and about to die. ³When the officer heard about Jesus, he sent some Jewish elders to ask him to come and heal his servant. ⁴They came to Jesus and begged him earnestly, "This man really deserves your help. ⁵He loves our people and he himself built a synagogue for us."

⁶So Jesus went with them. He was not far from the house when the officer sent friends to tell him, "Sir, don't trouble yourself. I do not deserve to have you come into my house, ⁷neither do I consider myself worthy to come to you in person. Just give the order, and my servant will get well. ⁸I, too, am a man placed under the authority of superior officers, and I have soldiers under me. I order this one, 'Go!' and he goes; I order that one, 'Come!' and he comes; and I order my slave, 'Do this!' and he does it."

⁹Jesus was surprised when he heard this; he turned round and said to the crowd following him, "I tell you, I have never found faith like this, not even in Israel!"

¹⁰The messengers went back to the officer's house and found his servant well.

Jesus Raises a Widow's Son

¹¹Soon afterwards* Jesus went to a town called Nain, accompanied by his disciples and a large crowd. ¹²Just as he arrived at the gate of the town, a funeral procession was coming out. The dead man was the only son of a woman who was a widow, and a large crowd from the town was with her. ¹³When the Lord saw her, his heart was filled with pity for her, and he said to her, "Don't cry." ¹⁴Then he walked over and touched the coffin, and the men carrying it stopped. Jesus said, "Young man! Get up, I tell you!" ¹⁵The dead man sat up and began to talk, and Jesus gave him back to his mother.

¹⁶They all were filled with fear and praised God. "A great prophet has appeared among us!" they said; "God has come to save his people!"

¹⁷This news about Jesus went out through all the country and the surrounding territory.

---

* *Soon afterwards;* some manuscripts have *The next day.*

Iesu ac Ioan Fedyddiwr
(Mathew 11:1-19)

[18]Roedd disgyblion Ioan Fedyddiwr wedi mynd i ddweud wrtho am bopeth roedd Iesu'n ei wneud. [19]Felly dyma Ioan yn anfon dau ohonyn nhw at yr Arglwydd Iesu i ofyn iddo, "Ai ti ydy'r Meseia sydd i ddod, neu ddylen ni ddisgwyl rhywun arall?"

[20]Dyma nhw'n dod o hyd i Iesu a dweud wrtho, "Mae Ioan Fedyddiwr eisiau gwybod, 'Ai ti ydy'r Meseia sydd i ddod, neu ddylen ni ddisgwyl rhywun arall?'"

[21]Yr adeg yna roedd Iesu wedi bod wrthi'n iacháu llawer o bobl oedd yn dioddef o afiechydon a phoenau, a dylanwad ysbrydion drwg. Roedd wedi rhoi eu golwg yn ôl i lawer o bobl ddall hefyd. [22]Felly ei ateb iddyn nhw oedd, "Ewch yn ôl a dweud wrth Ioan beth dych chi wedi ei weld a'i glywed: Mae pobl ddall yn cael gweld, pobl gloff yn cerdded, pobl sy'n dioddef o'r gwahanglwyf yn cael eu hiacháu, pobl fyddar yn clywed, a phobl sydd wedi marw yn dod yn ôl yn fyw. Ac mae'r newyddion da yn cael ei gyhoeddi i bobl dlawd! [23]Ac un peth arall: Mae bendith fawr i bwy bynnag sydd ddim yn colli hyder ynddo i."

[24]Ar ôl i negeswyr Ioan fynd, dechreuodd Iesu siarad â'r dyrfa am Ioan: "Sut ddyn aethoch chi allan i'r anialwch i'w weld? Brwynen wan yn cael ei chwythu i bob cyfeiriad gan y gwynt? [25]Na? Beth roeddech chi'n ei ddisgwyl? Dyn yn gwisgo dillad crand? Wrth gwrs ddim! Mewn palasau mae pobl grand yn byw! [26]Felly ai proffwyd aethoch chi allan i'w weld? Ie! A dw i'n dweud wrthoch chi ei fod e'n fwy na phroffwyd. [27]Dyma'r un mae'r ysgrifau sanctaidd yn sôn amdano:

'Edrych! — dw i'n anfon fy negesydd o dy flaen di,
    i baratoi'r ffordd i ti.'

[28]Dw i'n dweud wrthoch chi, mae Ioan yn fwy na neb arall sydd wedi byw erioed. Ond mae'r person lleia pwysig yn nheyrnas Dduw yn fwy nag e."

[29](Roedd y bobl gyffredin glywodd neges Ioan, hyd yn oed y dynion sy'n casglu trethi i Rufain, yn cydnabod mai ffordd Duw oedd yn iawn — dyna pam gawson nhw eu bedyddio gan Ioan. [30]Ond roedd y Phariseaid a'r arbenigwyr yn y Gyfraith wedi gwrthod gwneud beth oedd Duw eisiau, a doedden nhw ddim wedi cael eu bedyddio gan Ioan.)

[31]"Sut mae disgrifio'r dynion yma?" meddai Iesu, "I beth maen nhw'n debyg? [32]Maen nhw fel plant yn eistedd yn sgwâr y farchnad yn cwyno am ei gilydd fel hyn:

'Roedden ni'n chwarae priodas,
    ond wnaethoch chi ddim dawnsio;

7:22 cyfeiriad at Eseia 35:5-6; 26:14; 61:1   7:27 Malachi 3:1

The Messengers from John the Baptist
(Mt 11.2–19)

¹⁸When John's disciples told him about all these things, he called two of them ¹⁹and sent them to the Lord to ask him, "Are you the one John said was going to come, or should we expect someone else?"

²⁰When they came to Jesus, they said, "John the Baptist sent us to ask if you are the one he said was going to come, or if we should expect someone else."

²¹At that very time Jesus cured many people of their sicknesses, diseases, and evil spirits, and gave sight to many blind people. ²²He answered John's messengers, "Go back and tell John what you have seen and heard: the blind can see, the lame can walk, those who suffer from dreaded skin diseases are made clean,* the deaf can hear, the dead are raised to life, and the Good News is preached to the poor. ²³How happy are those who have no doubts about me!"

²⁴After John's messengers had left, Jesus began to speak about him to the crowds: "When you went out to John in the desert, what did you expect to see? A blade of grass bending in the wind? ²⁵What did you go out to see? A man dressed up in fancy clothes? People who dress like that and live in luxury are found in palaces! ²⁶Tell me, what did you go out to see? A prophet? Yes indeed, but you saw much more than a prophet. ²⁷For John is the one of whom the scripture says: 'God said, I will send my messenger ahead of you to open the way for you.' ²⁸I tell you," Jesus added, "John is greater than anyone who has ever lived. But the one who is least in the Kingdom of God is greater than John."

²⁹All the people heard him; they and especially the tax collectors were the ones who had obeyed God's righteous demands and had been baptized by John. ³⁰But the Pharisees and the teachers of the Law rejected God's purpose for themselves and refused to be baptized by John.

³¹Jesus continued, "Now to what can I compare the people of this day? What are they like? ³²They are like children sitting in the

---

* *made clean:* See 5.12.
7.22: Is 35.5–6; 61.1   **7.27:** Mal 3.1   **7.29–30:** Mt 21.32; Lk 3.12

Roedden ni'n chwarae angladd,
Ond wnaethoch chi ddim wylo.'

[33] Am fod Ioan Fedyddiwr ddim yn bwyta bara ac yfed gwin, roeddech chi'n dweud, 'Mae cythraul ynddo.' [34] Ond wedyn dyma fi, Mab y Dyn yn dod, yn bwyta ac yn yfed fel pawb arall, a dyma chi'n dweud, 'y bolgi! Meddwyn yn diota a stwffio'i hun! Ffrind i'r twyllwyr sy'n casglu trethi i Rufain ac i bechaduriaid ydy e!' [35] Gallwch nabod doethineb go iawn yn ôl pa mor gyson fydd pobl. Dych chi mor anghyson, mae'ch ffolineb chi'n amlwg!"

Gwraig bechadurus yn eneinio Iesu

[36] Roedd un o'r Phariseaid wedi gwahodd Iesu i swper, felly aeth Iesu i'w dŷ ac eistedd wrth y bwrdd. [37] Dyma wraig o'r dref oedd yn adnabyddus am ei bywyd anfoesol yn clywed fod Iesu yn cael pryd o fwyd yng nghartre'r Pharisead, ac aeth yno gyda blwch hardd yn llawn o bersawr. [38] Plygodd y tu ôl iddo wrth ei draed, yn crïo. Roedd ei dagrau yn gwlychu ei draed, felly sychodd nhw â'i gwallt a'u cusanu ac yna tywallt y persawr arnyn nhw.

[39] Pan welodd y dyn oedd wedi gwahodd Iesu beth oedd yn digwydd, meddyliodd, "Petai'r dyn yma yn broffwyd byddai'n gwybod pa fath o wraig sy'n ei gyffwrdd — dydy hi'n ddim byd ond pechadures!"

[40] Ond dyma Iesu'n dweud wrtho, "Simon, dw i eisiau dweud rhywbeth wrthot ti." "Beth athro?" meddai.

[41] "Roedd dau o bobl mewn dyled i fenthyciwr arian. Pum can denariws oedd dyled un, a hanner can denariws oedd dyled y llall. [42] Ond pan oedd y naill a'r llall yn methu ei dalu'n ôl, dyma'r benthyciwr yn canslo dyled y ddau! Felly, pa un o'r ddau wyt ti'n meddwl fydd yn ei garu fwyaf?"

[43] "Mae'n debyg mai'r un gafodd y ddyled fwyaf wedi ei chanslo," meddai Simon.

"Rwyt ti'n iawn," meddai Iesu.

[44] Yna dyma Iesu'n troi at y wraig, ac yn dweud wrth Simon, "Edrych ar y wraig yma. Pan ddes i mewn i dy dŷ di, ches i ddim dŵr i olchi fy nhraed. Ond mae hon wedi gwlychu fy nhraed â'i dagrau a'u sychu â'i gwallt. [45] Wnest ti ddim fy nghyfarch i â chusan, ond dydy hon ddim wedi stopio cusanu fy nhraed i ers i mi gyrraedd. [46] Wnest ti ddim rhoi croeso i mi drwy roi olew ar fy mhen, ond mae hon wedi tywallt persawr ar fy nhraed. [47] Felly dw i'n dweud wrthot ti, mae pob un o'i phechodau hi wedi eu maddau — ac mae hi wedi dangos

market place. One group shouts to the other, 'We played wedding music for you, but you wouldn't dance! We sang funeral songs, but you wouldn't cry!' [33]John the Baptist came, and he fasted and drank no wine, and you said, 'He has a demon in him!' [34]The Son of Man came, and he ate and drank, and you said, 'Look at this man! He is a glutton and a drinker, a friend of tax collectors and other outcasts!' [35]God's wisdom, however, is shown to be true by all who accept it."

Jesus at the Home of Simon the Pharisee

[36]A Pharisee invited Jesus to have dinner with him, and Jesus went to his house and sat down to eat. [37]In that town was a woman who lived a sinful life. She heard that Jesus was eating in the Pharisee's house, so she brought an alabaster jar full of perfume [38]and stood behind Jesus, by his feet, crying and wetting his feet with her tears. Then she dried his feet with her hair, kissed them, and poured the perfume on them. [39]When the Pharisee saw this, he said to himself, "If this man really were a prophet, he would know who this woman is who is touching him; he would know what kind of sinful life she lives!"

[40]Jesus spoke up and said to him, "Simon, I have something to tell you."

"Yes, Teacher," he said, "tell me."

[41]"There were two men who owed money to a moneylender," Jesus began. "One owed him 500 silver coins, and the other owed him fifty. [42]Neither of them could pay him back, so he cancelled the debts of both. Which one, then, will love him more?"

[43]"I suppose," answered Simon, "that it would be the one who was forgiven more."

"You are right," said Jesus. [44]Then he turned to the woman and said to Simon, "Do you see this woman? I came into your home, and you gave me no water for my feet, but she has washed my feet with her tears and dried them with her hair. [45]You did not welcome me with a kiss, but she has not stopped kissing my feet since I came. [46]You provided no olive oil for my head, but she has covered my feet with perfume. [47]I tell you, then, the great love she has shown

cariad mawr ata i. Ond bach iawn ydy cariad y sawl sydd wedi cael maddeuant am bethau bach."

⁴⁸Wedyn dyma Iesu'n dweud wrth y wraig ei hun, "Mae dy bechodau wedi eu maddau."

⁴⁹A dyma'r gwesteion eraill yn dechrau siarad ymhlith ei gilydd, "Pwy ydy hwn, yn meddwl y gall faddau pechodau?"

⁵⁰Dyma Iesu'n dweud wrth y wraig, "Am i ti gredu rwyt wedi dy achub;* dos adre! Bendith Duw arnat ti!"

Y gwragedd oedd yn helpu Iesu

8 Am beth amser wedyn roedd Iesu'n teithio o gwmpas y trefi a'r pentrefi yn cyhoeddi'r newyddion da am Dduw yn teyrnasu. Roedd e deuddeg disgybl gydag e, ²a hefyd rhyw wragedd oedd wedi cael eu hiacháu o effeithiau ysbrydion drwg ac afiechydon: Mair, oedd yn cael ei galw'n Magdalen — roedd saith o gythreuliaid wedi dod allan ohoni hi; ³Joanna, gwraig Chwsa (prif reolwr palas Herod)*; Swsana, a nifer o rai eraill oedd yn defnyddio eu harian i helpu i gynnal Iesu a'i ddisgyblion.

Stori'r ffermwr yn hau
(Mathew 13:1-9; Marc 4:1-9)

⁴Dwedodd y stori yma pan oedd tyrfa fawr o bobl o wahanol drefi wedi casglu at ei gilydd: ⁵"Aeth ffermwr allan i hau hadau. Wrth iddo wasgaru'r had, dyma beth ohono yn syrthio ar y llwybr. Cafodd ei sathru dan draed, a dyma'r adar yn ei fwyta. ⁶Dyma beth ohono yn syrthio ar dir creigiog, ond wrth ddechrau tyfu dyma fe'n gwywo am fod dim dŵr ganddo. ⁷A dyma beth yn syrthio i ganol drain. Tyfodd y drain yr un pryd a thagu'r planhigion. ⁸Ond syrthiodd peth ohono ar bridd da. Tyfodd hwnnw, a rhoddodd gnwd oedd gan gwaith mwy na beth gafodd ei hau."

Ar ôl dweud hyn, galwodd allan yn uchel, "Gwrandwch yn ofalus os dych chi'n awyddus i ddysgu!"

Pwrpas storïau Iesu
(Mathew 13:10-17; Marc 4:10-12)

⁹Yn nes ymlaen dyma'i ddisgyblion yn gofyn iddo beth oedd ystyr y stori. ¹⁰Atebodd Iesu, "Dych chi'n cael gwybod beth ydy'r gyfrinach am deyrnasiad Duw, ond i eraill dw i ddim ond yn adrodd straeon, felly,

'Er eu bod yn edrych, chân nhw ddim gweld;
   er eu bod yn gwrando, chân nhw ddim deall.'

----

* *achub:* Neu "iacháu".
* *Herod:* Herod Antipas, mab Herod Fawr.
8:10 Eseia 6:9 (LXX)

proves that her many sins have been forgiven. But whoever has been forgiven little shows only a little love."

[48]Then Jesus said to the woman, "Your sins are forgiven."

[49]The others sitting at the table began to say to themselves, "Who is this, who even forgives sins?"

[50]But Jesus said to the woman, "Your faith has saved you; go in peace."

Women who Accompanied Jesus

8 Some time later Jesus travelled through towns and villages, preaching the Good News about the Kingdom of God. The twelve disciples went with him, [2]and so did some women who had been healed of evil spirits and diseases: Mary (who was called Magdalene), from whom seven demons had been driven out, [3]Joanna, whose husband Chuza was an officer in Herod's court; and Susanna, and many other women who used their own resources to help Jesus and his disciples.

The Parable of the Sower
(Mt 13.1–9; Mk 4.1–9)

[4]People kept coming to Jesus from one town after another; and when a great crowd gathered, Jesus told this parable:

[5]"Once there was a man who went out to sow corn. As he scattered the seed in the field, some of it fell along the path, where it was stepped on, and the birds ate it up. [6]Some of it fell on rocky ground, and when the plants sprouted, they dried up because the soil had no moisture. [7]Some of the seed fell among thorn bushes, which grew up with the plants and choked them. [8]And some seeds fell in good soil; the plants grew and produced corn, 100 grains each."

And Jesus concluded, "Listen, then, if you have ears!"

The Purpose of the Parables
(Mt 13.10–17; Mk 4.10–12)

[9]His disciples asked Jesus what this parable meant, [10]and he answered, "The knowledge of the secrets of the Kingdom of God has been given to you, but to the rest it comes by means of parables, so that they may look but not see, and listen but not understand.

8.2–3: Mt 27.55–56; Mk 15.40–41; Lk 23.49   **8.10:** Is 6.9–10 (LXX)

Iesu'n esbonio'r stori am y ffermwr yn hau

(Mathew 13:18-23; Marc 4:13-20)

[11] "Dyma beth ydy ystyr y stori: Neges Duw ydy'r hadau. [12] Y rhai ar y llwybr ydy'r bobl sy'n clywed y neges, ond mae'r diafol yn dod ac yn cipio'r neges oddi arnyn nhw, i'w rhwystro nhw rhag credu a chael eu hachub. [13] Y rhai ar y tir creigiog ydy'r bobl hynny sy'n derbyn y neges yn frwd i ddechrau, ond dydy'r neges ddim yn gafael ynddyn nhw. Maen nhw'n credu am sbel, ond pan ddaw'r amser iddyn nhw gael eu profi maen nhw'n rhoi'r gorau iddi. [14] Yna'r rhai syrthiodd i ganol drain ydy'r bobl sy'n clywed y neges, ond mae poeni drwy'r adeg am bethau fel cyfoeth a phleserau yn eu tagu, a dŷn nhw ddim yn aeddfedu. [15] Ond yr hadau syrthiodd i bridd da ydy'r bobl hynny sy'n clywed y neges ac yn dal gafael i'r diwedd — pobl sydd â chalon agored ddidwyll. Mae'r effaith ar eu bywydau nhw fel cnwd anferth.

Lamp ar fwrdd

(Marc 4:21-25)

[16] "Dydy pobl ddim yn goleuo lamp ac yna'n rhoi rhywbeth drosti neu'n ei chuddio dan y gwely. Na, mae'n cael ei gosod ar fwrdd, er mwyn i bawb sy'n dod i mewn allu gweld. [17] Bydd popeth sydd wedi ei guddio yn cael ei weld yn glir maes o law. Bydd pob cyfrinach yn cael ei rhannu ac yn dod i'r golwg. [18] Felly gwrandwch yn ofalus. Bydd y rhai sydd wedi deall yn derbyn mwy; ond am y rhai hynny sydd heb ddeall, bydd hyd yn oed yr hyn maen nhw'n meddwl maen nhw'n ei ddeall yn cael ei gymryd oddi arnyn nhw."

Mam a brodyr Iesu

(Mathew 12:46-50; Marc 3:31-35)

[19] Yna cyrhaeddodd mam Iesu a'i frodyr yno, ond roedden nhw'n methu mynd yn agos ato o achos y dyrfa. [20] Dwedodd rhywun wrtho, "Mae dy fam a dy frodyr yn sefyll y tu allan, eisiau dy weld di."

[21] Ond atebodd Iesu, "Fy mam a'm brodyr i ydy'r bobl sy'n clywed neges Duw ac yn gwneud beth mae'n ei ddweud."

Iesu'n tawelu'r storm

(Mathew 8:23-27; Marc 4:35-41)

[22] Un diwrnod dwedodd Iesu wrth ei ddisgyblion, "Beth am i ni groesi i ochr draw'r llyn?"* Felly i ffwrdd â nhw mewn cwch. [23] Wrth groesi'r llyn syrthiodd Iesu i gysgu. Daeth storm ofnadwy ar y llyn ac roedd y cwch yn llenwi â dŵr nes eu bod nhw mewn peryg o suddo.

----

* *ochr draw'r llyn:* ochr ddwyreiniol Llyn Galilea. Doedd rhan fwya'r bobl oedd yn byw yno ddim yn Iddewon.

Jesus Explains the Parable of the Sower
(Mt 13.18–23; Mk 4.13–20)

¹¹"This is what the parable means: the seed is the word of God. ¹²The seeds that fell along the path stand for those who hear; but the Devil comes and takes the message away from their hearts in order to keep them from believing and being saved. ¹³The seeds that fell on rocky ground stand for those who hear the message and receive it gladly. But it does not sink deep into them; they believe only for a while but when the time of testing comes, they fall away. ¹⁴The seeds that fell among thorn bushes stand for those who hear; but the worries and riches and pleasures of this life crowd in and choke them, and their fruit never ripens. ¹⁵The seeds that fell in good soil stand for those who hear the message and retain it in a good and obedient heart, and they persist until they bear fruit.

A Lamp under a Bowl
(Mk 4.21–25)

¹⁶"People do not light a lamp and cover it with a bowl or put it under a bed. Instead, they put it on the lampstand, so that people will see the light as they come in.

¹⁷"Whatever is hidden away will be brought out into the open, and whatever is covered up will be found and brought to light.

¹⁸"Be careful, then, how you listen; because those who have something will be given more, but those who have nothing will have taken away from them even the little they think they have."

Jesus' Mother and Brothers
(Mt 12.46–50; Mk 3.31–35)

¹⁹Jesus' mother and brothers came to him, but were unable to join him because of the crowd. ²⁰Someone said to Jesus, "Your mother and brothers are standing outside and want to see you."

²¹Jesus said to them all, "My mother and brothers are those who hear the word of God and obey it."

Jesus Calms a Storm
(Mt 8.23–27; Mk 4.35–41)

²²One day Jesus got into a boat with his disciples and said to them, "Let us go across to the other side of the lake." So they started out. ²³As they were sailing, Jesus fell asleep. Suddenly a strong wind blew down on the lake, and the boat began to fill with water, so

---

8.16: Mt 5.15; Lk 11.33   **8.17:** Mt 10.26; Lk 12.2   **8.18:** Mt 25.29; Lk 19.26

[24]Dyma'r disgyblion yn mynd at Iesu a'i ddeffro, ac yn dweud wrtho, "Feistr! dŷn ni'n suddo feistr!" Cododd Iesu ar ei draed a cheryddu'r gwynt a'r tonnau gwyllt; a dyma'r storm yn stopio, ac roedd pobman yn hollol dawel. [25]"Ble mae'ch ffydd chi?" gofynnodd i'w ddisgyblion.

Roedden nhw wedi dychryn ac yn rhyfeddu at beth ddigwyddodd. "Pwy ydy hwn?" medden nhw, "Mae hyd yn oed yn rhoi gorchymyn i'r gwynt a'r dŵr, ac maen nhw'n ufuddhau iddo."

Iacháu y dyn yng ngafael cythraul
(Mathew 8:28-34; Marc 5:1-20)

[26]Dyma nhw'n cyrraedd ardal Gerasa* sydd yr ochr draw i'r llyn o Galilea. [27]Wrth i Iesu gamu allan o'r cwch i'r lan dyma ddyn o'r dref oedd yng ngafael cythreuliaid yn dod i'w gyfarfod. Doedd y dyn yma ddim wedi gwisgo dillad na byw mewn tŷ ers amser maith — roedd wedi bod yn byw yng nghanol y beddau. [28]Pan welodd Iesu, rhoddodd y dyn sgrech a syrthio i lawr o'i flaen tan weiddi nerth ei ben, "Gad di lonydd i mi, Iesu, mab y Duw Goruchaf! Dw i'n crefu arnat ti, paid poenydio fi!" [29](Roedd Iesu newydd orchymyn i'r ysbryd drwg ddod allan o'r dyn. Ers amser hir roedd yr ysbryd wedi meistroli'r dyn yn llwyr. Roedd rhaid iddo gael ei warchod, gyda'i ddwylo a'i draed mewn cadwyni. Ond roedd yn llwyddo i ddianc o hyd, ac roedd y cythraul yn ei yrru allan i'r anialwch.)

[30]A dyma Iesu'n gofyn iddo, "Beth ydy dy enw di?"

"Lleng," atebodd, achos roedd llawer o gythreuliaid wedi mynd iddo. [31]Roedden nhw'n pledio'n daer ar i Iesu beidio gorchymyn iddyn nhw fynd i'r dyfnder tywyll.*

[32]Roedd cenfaint fawr o foch yn pori ar ochr bryn cyfagos, a dyma'r cythreuliaid yn pledio ar Iesu i adael iddyn nhw fynd i fyw yn y moch. Felly dyma Iesu'n rhoi caniatâd iddyn nhw. [33]Pan aeth y cythreuliaid allan o'r dyn a mynd i mewn i'r moch, dyma'r moch i gyd yn rhuthro i lawr y llechwedd serth i mewn i'r llyn, a boddi.

[34]Pan welodd y rhai oedd yn gofalu am y moch beth ddigwyddodd, dyma nhw'n rhedeg i ffwrdd a dweud wrth bawb. [35]Aeth pobl allan i weld drostyn nhw'u hunain. Dyma nhw'n dychryn pan ddaethon nhw at Iesu, achos dyna lle roedd y dyn roedd y cythreuliaid wedi mynd allan ohono yn eistedd yn dawel o flaen Iesu yn gwisgo dillad ac yn ei iawn bwyll. [36]Dwedodd y llygad-dystion eto sut roedd y dyn yng ngafael cythreuliaid wedi cael ei iacháu. [37]Felly ar ôl hynny dyma

---

* *Gerasa:* Neu, *Gergesa* yn ôl rhai llawysgrifau.
* *dyfnder tywyll:* Lle roedd ysbrydion drwg yn cael eu cadw a'u cosbi.

that they were all in great danger. 24The disciples went to Jesus and woke him up, saying, "Master, Master! We are about to die!"

Jesus got up and gave an order to the wind and the stormy water; they died down, and there was a great calm. 25Then he said to the disciples, "Where is your faith?"

But they were amazed and afraid, and said to one another, "Who is this man? He gives orders to the winds and waves, and they obey him!"

Jesus Heals a Man with Demons
(Mt 8.28–34; Mk 5.1–20)

26Jesus and his disciples sailed on over to the territory of Gerasa,* which is across the lake from Galilee. 27As Jesus stepped ashore, he was met by a man from the town who had demons in him. For a long time this man had gone without clothes and would not stay at home, but spent his time in the burial caves. 28When he saw Jesus, he gave a loud cry, threw himself down at his feet, and shouted, "Jesus, Son of the Most High God! What do you want with me? I beg you, don't punish me!" 29He said this because Jesus had ordered the evil spirit to go out of him. Many times it had seized him, and even though he was kept a prisoner, his hands and feet fastened with chains, he would break the chains and be driven by the demon out into the desert.

30Jesus asked him, "What is your name?"

"My name is 'Mob'," he answered — because many demons had gone into him. 31The demons begged Jesus not to send them into the abyss.*

32There was a large herd of pigs near by, feeding on a hillside. So the demons begged Jesus to let them go into the pigs, and he let them. 33They went out of the man and into the pigs. The whole herd rushed down the side of the cliff into the lake and was drowned.

34The men who had been taking care of the pigs saw what happened, so they ran off and spread the news in the town and among the farms. 35People went out to see what had happened, and when they came to Jesus, they found the man from whom the demons had gone out sitting at the feet of Jesus, clothed and in his right mind; and they were all afraid. 36Those who had seen it told the people how the man had been cured. 37Then all the people

---

* *Gerasa;* some manuscripts have *Gadara* (see Mt 8.28); others have *Gergesa.*
* *abyss:* It was thought that the demons were to be imprisoned in the depths of the earth until their final punishment.

bobl ardal Gerasa* i gyd yn gofyn i Iesu adael, achos roedden nhw
wedi dychryn am eu bywydau. Felly aeth Iesu yn ôl i'r cwch.
[38]Dyma'r dyn roedd y cythreuliaid wedi mynd allan ohono yn erfyn
am gael aros gydag e, ond dyma Iesu yn ei anfon i ffwrdd a dweud
wrtho, [39]"Dos yn ôl adre i ddweud am y cwbl mae Duw wedi ei
wneud i ti." Felly i ffwrdd â'r dyn, a dweud wrth bawb yn y dref am
bopeth roedd Iesu wedi ei wneud iddo.

Merch fach wedi marw a gwraig oedd â gwaedlif
(Mathew 9:18-26; Marc 5:21-43)
[40]Pan aeth Iesu yn ôl i ochr draw'r llyn, roedd tyrfa yno i'w
groesawu — roedden nhw wedi bod yn disgwyl amdano. [41]Dyma
ddyn o'r enw Jairus, un o arweinwyr y synagog, yn dod ato. Syrthiodd
ar ei liniau o flaen Iesu a chrefu'n daer arno i fynd i'w dŷ. [42]Roedd
ei ferch fach ddeuddeg oed, oedd yn unig blentyn, yn marw. Wrth
iddo fynd, roedd y dyrfa yn gwasgu o'i gwmpas. [43]Yn eu canol
roedd gwraig oedd wedi bod â gwaedlif arni ers deuddeng mlynedd,
a doedd neb yn gallu ei gwella. [44]Sleifiodd at Iesu o'r tu ôl iddo
a chyffwrdd y taselau ar ei glogyn, a dyma'r gwaedu yn stopio'n syth.
[45]"Pwy gyffyrddodd fi?" gofynnodd Iesu.
    Wrth i bawb wadu'r peth, dyma Pedr yn dweud, "Ond Feistr, mae'r
bobl yma i gyd yn gwthio ac yn gwasgu o dy gwmpas di!"

[46]Ond dyma Iesu'n dweud, "Mae rhywun wedi nghyffwrdd i; dw i'n
gwybod fod nerth wedi llifo allan ohono i."
[47]Pan sylweddolodd y wraig ei bod hi ddim yn mynd i osgoi sylw,
dyma hi'n dod a syrthio o'i flaen yn dal i grynu. Esboniodd o flaen
pawb pam roedd hi wedi cyffwrdd Iesu, a'i bod wedi cael ei hiacháu
y funud honno. [48]A dyma Iesu'n dweud wrthi, "Wraig annwyl, am i ti
gredu rwyt wedi dy iacháu. Dos adre! Bendith Duw arnat ti!"
[49]Tra oedd Iesu'n siarad, roedd dyn o dŷ Jairus wedi cyrraedd,
a dweud wrtho, "Mae dy ferch wedi marw, felly paid poeni'r athro
ddim mwy."
[50]Pan glywodd Iesu hyn, meddai wrth Jairus, "Paid bod ofn; dalia
i gredu, a bydd hi'n cael ei hiacháu."
[51]Pan gyrhaeddodd dŷ Jairus, dim ond Pedr, Ioan a Iago, a rhieni'r
ferch fach gafodd fynd i mewn gydag e. [52]Roedd y lle'n llawn o bobl
yn galaru ac udo crïo ar ei hôl. "Stopiwch y sŵn yma," meddai Iesu,

---

* *Gerasa:* gw. nodyn ar 8:26.

from that territory asked Jesus to go away, because they were terribly afraid. So Jesus got into the boat and left. ³⁸The man from whom the demons had gone out begged Jesus, "Let me go with you."

But Jesus sent him away, saying, ³⁹"Go back home and tell what God has done for you."

The man went through the town, telling what Jesus had done for him.

Jairus' Daughter and the Woman who Touched Jesus' Cloak
(Mt 9.18–26; Mk 5.21–43)

⁴⁰When Jesus returned to the other side of the lake, the people welcomed him, because they had all been waiting for him. ⁴¹Then a man named Jairus arrived; he was an official in the local synagogue. He threw himself down at Jesus' feet and begged him to go to his home, ⁴²because his only daughter, who was twelve years old, was dying.

As Jesus went along, the people were crowding him from every side. ⁴³Among them was a woman who had suffered from severe bleeding for twelve years; she had spent all she had on doctors,* but no one had been able to cure her. ⁴⁴She came up in the crowd behind Jesus and touched the edge of his cloak, and her bleeding stopped at once. ⁴⁵Jesus asked, "Who touched me?"

Everyone denied it, and Peter said, "Master, the people are all round you and crowding in on you."

⁴⁶But Jesus said, "Someone touched me, for I knew it when power went out of me." ⁴⁷The woman saw that she had been found out, so she came trembling and threw herself at Jesus' feet. There in front of everybody, she told him why she had touched him and how she had been healed at once. ⁴⁸Jesus said to her, "My daughter, your faith has made you well. Go in peace."

⁴⁹While Jesus was saying this, a messenger came from the official's house. "Your daughter has died," he told Jairus; "don't bother the Teacher any longer."

⁵⁰But Jesus heard it and said to Jairus, "Don't be afraid; only believe, and she will be well."

⁵¹When he arrived at the house, he would not let anyone go in with him except Peter, John, and James, and the child's father and mother. ⁵²Everyone there was crying and mourning for the child. Jesus said, "Don't cry; the child is not dead — she is only sleeping!"

---

* Some manuscripts do not have *she had spent all she had on doctors*.

"dydy hi ddim wedi marw — cysgu mae hi!" [53]Dechreuodd pobl chwerthin am ei ben, gan eu bod nhw'n gwybod ei bod hi wedi marw. [54]Dyma Iesu'n gafael yn llaw'r ferch fach a dweud, "Cod ar dy draed mhlentyn i!" [55]Daeth bywyd yn ôl i'w chorff a chododd ar ei thraed yn y fan a'r lle. Wedyn dyma Iesu'n dweud wrthyn nhw am roi rhywbeth i'w fwyta iddi. [56]Roedd ei rhieni wedi eu syfrdanu, ond rhybuddiodd Iesu nhw i beidio dweud wrth neb beth oedd wedi digwydd.

Iesu'n anfon allan y deuddeg
(Mathew 10:5-15; Marc 6:7-13)

9 Galwodd Iesu y deuddeg disgybl at ei gilydd, a rhoi nerth ac awdurdod iddyn nhw fwrw allan gythreuliaid a iacháu pobl. [2]Yna anfonodd nhw allan i gyhoeddi bod Duw yn teyrnasu, ac i iacháu pobl. [3]Dwedodd wrthyn nhw: "Peidiwch mynd â dim byd gyda chi — dim ffon, dim bag teithio, dim bwyd, dim arian, dim hyd yn oed dillad sbâr. [4]Pan gewch groeso yng nghartre rhywun, arhoswch yno nes byddwch chi'n gadael y dre. [5]Os na chewch chi groeso yn rhywle, ysgydwch y llwch oddi ar eich traed wrth adael y dref honno. Bydd hynny'n arwydd o farn Duw arnyn nhw!" [6]Felly i ffwrdd â nhw i deithio o un pentref i'r llall gan gyhoeddi'r newyddion da a iacháu pobl ym mhobman.

Herod yn poeni
(Mathew 14:1-12; Marc 6:14-29)

[7]Clywodd y llywodraethwr Herod* am y cwbl oedd yn digwydd. Roedd mewn penbleth, am fod rhai yn dweud mai Ioan Fedyddiwr oedd wedi dod yn ôl yn fyw. [8]Roedd eraill yn dweud mai'r proffwyd Elias* oedd wedi dod, ac eraill eto'n meddwl mai un o broffwydi'r gorffennol oedd wedi dod yn ôl yn fyw. [9]"Torrais ben Ioan i ffwrdd," meddai Herod, "felly, pwy ydy hwn dw i'n clywed y pethau yma amdano?" Roedd ganddo eisiau gweld Iesu.

Iesu'n bwydo'r pum mil
(Mathew 14:13-21; Marc 6:30-44; Ioan 6:1-14)

[10]Pan ddaeth yr apostolion yn ôl, dyma nhw'n dweud wrth Iesu beth roedden nhw wedi ei wneud. Yna aeth Iesu â nhw i ffwrdd ar eu pennau eu hunain, i dref o'r enw Bethsaida. [11]Ond clywodd y tyrfaoedd ble roedd wedi mynd, a'i ddilyn yno. Dyma Iesu'n eu croesawu ac yn siarad â nhw am Dduw yn teyrnasu, a iacháu y rhai ohonyn nhw oedd yn sâl.

....

* *Herod:* Herod Antipas, mab Herod Fawr.
* *Elias:* Roedd yr Iddewon yn disgwyl i'r proffwyd Elias ddod i baratoi'r ffordd ar gyfer y Meseia.

[53]They all laughed at him, because they knew that she was dead. [54]But Jesus took her by the hand and called out, "Get up, my child!" [55]Her life returned, and she got up at once, and Jesus ordered them to give her something to eat. [56]Her parents were astounded, but Jesus commanded them not to tell anyone what had happened.

Jesus Sends Out the Twelve Disciples
(Mt 10.5–15; Mk 6.7–13)

9 Jesus called the twelve disciples together and gave them power and authority to drive out all demons and to cure diseases. [2]Then he sent them out to preach the Kingdom of God and to heal the sick, [3]after saying to them, "Take nothing with you for the journey: no stick, no beggar's bag, no food, no money, not even an extra shirt. [4]Wherever you are welcomed, stay in the same house until you leave that town; [5]wherever people don't welcome you, leave that town and shake the dust off your feet as a warning to them."

[6]The disciples left and travelled through all the villages, preaching the Good News and healing people everywhere.

Herod's Confusion
(Mt 14.1–12; Mk 6.14–29)

[7]When Herod, the ruler of Galilee, heard about all the things that were happening, he was very confused, because some people were saying that John the Baptist had come back to life. [8]Others were saying that Elijah had appeared, and still others that one of the prophets of long ago had come back to life. [9]Herod said, "I had John's head cut off; but who is this man I hear these things about?" And he kept trying to see Jesus.

Jesus Feeds a Great Crowd
(Mt 14.13–21; Mk 6.30–44; Jn 6.1–14)

[10]The apostles came back and told Jesus everything they had done. He took them with him, and they went off by themselves to a town called Bethsaida. [11]When the crowds heard about it, they followed him. He welcomed them, spoke to them about the Kingdom of God, and healed those who needed it.

9.3–5: Lk 10.4–11; Acts 13.51   **9.7–8:** Mt 16.14; Mk 8.28; Lk 9.19

¹²Yn hwyr yn y p'nawn dyma'r deuddeg disgybl yn dod ato a dweud wrtho, "Anfon y dyrfa i ffwrdd, iddyn nhw fynd i'r pentrefi sydd o gwmpas i gael llety a bwyd. Mae'r lle yma yn anial."

¹³Ond dwedodd Iesu, "Rhowch chi rywbeth i'w fwyta iddyn nhw." "Dim ond pum torth fach* a dau bysgodyn sydd gynnon ni," medden nhw. "Wyt ti'n disgwyl i ni fynd i brynu bwyd i'r bobl yma i gyd?" ¹⁴(Roedd tua pum mil o ddynion yno!) Dyma Iesu'n dweud wrth ei ddisgyblion, "Gwnewch iddyn nhw eistedd mewn grwpiau o tua hanner cant." ¹⁵Dyma'r disgyblion yn gwneud hynny, ac eisteddodd pawb. ¹⁶Wedyn dyma Iesu'n cymryd y pum torth a'r ddau bysgodyn, ac offrymu gweddi o ddiolch i Dduw. Torrodd y bara a'i roi i'w ddisgyblion i'w rannu i'r bobl. ¹⁷Cafodd pawb ddigon i'w fwyta, a dyma nhw'n casglu deuddeg llond basged o dameidiau oedd dros ben.

Datganiad Pedr

(Mathew 16:13-19; Marc 8:27-29)

¹⁸Un tro pan oedd Iesu wedi bod yn gweddïo ar ei ben ei hun, aeth at ei ddisgyblion a gofyn iddyn nhw, "Pwy mae'r bobl yn ei ddweud ydw i?"

¹⁹Dyma nhw'n ateb, "Mae rhai yn dweud mai Ioan Fedyddiwr wyt ti; eraill yn dweud Elias; a phobl eraill eto'n dweud fod un o'r proffwydi ers talwm wedi dod yn ôl yn fyw."

²⁰"Ond beth amdanoch chi?" meddai. "Pwy dych chi'n ddweud ydw i?"

Atebodd Pedr, "Meseia Duw."

Iesu'n siarad am ei farwolaeth

(Mathew 16:20-28; Marc 8:30-9:1)

²¹Ond dyma Iesu'n pwyso'n drwm arnyn nhw i beidio dweud wrth neb. ²²Dwedodd wrthyn nhw, "Mae'n rhaid i mi, Mab y Dyn, ddioddef yn ofnadwy. Bydd yr arweinwyr, y prif offeiriaid a'r arbenigwyr yn y Gyfraith yn fy ngwrthod i. Bydda i'n cael fy lladd, ond yna'n dod yn ôl yn fyw ddeuddydd wedyn.

²³Yna dwedodd wrth bawb oedd yno: "Rhaid i bwy bynnag sydd am fy nilyn i stopio rhoi nhw eu hunain gyntaf. Rhaid iddyn nhw aberthu eu hunain dros eraill bob dydd, a cherdded yr un llwybr â mi. ²⁴Bydd y rhai sy'n ceisio cadw eu bywyd eu hunain yn colli'r bywyd go iawn, ond y rhai sy'n barod i ollwng gafael ar eu bywyd er fy mwyn i yn diogelu bywyd go iawn. ²⁵Beth ydy'r pwynt o gael

---

* *torth fach:* Torth fach gron fflat, mae'n debyg.

¹²When the sun was beginning to set, the twelve disciples came to him and said, "Send the people away so that they can go to the villages and farms round here and find food and lodging, because this is a lonely place."

¹³But Jesus said to them, "You yourselves give them something to eat."

They answered, "All we have are five loaves and two fish. Do you want us to go and buy food for this whole crowd?" ¹⁴(There were about 5,000 men there.)

Jesus said to his disciples, "Make the people sit down in groups of about fifty each."

¹⁵After the disciples had done so, ¹⁶Jesus took the five loaves and two fish, looked up to heaven, thanked God for them, broke them, and gave them to the disciples to distribute to the people. ¹⁷They all ate and had enough, and the disciples took up twelve baskets of what was left over.

Peter's Declaration about Jesus
(Mt 16.13–19; Mk 8.27–29)

¹⁸One day when Jesus was praying alone, the disciples came to him. "Who do the crowds say I am?" he asked them.

¹⁹"Some say that you are John the Baptist," they answered. "Others say that you are Elijah, while others say that one of the prophets of long ago has come back to life."

²⁰"What about you?" he asked them. "Who do you say I am?"

Peter answered, "You are God's Messiah."

Jesus Speaks about his Suffering and Death
(Mt 16.20–28; Mk 8.30—9.1)

²¹Then Jesus gave them strict orders not to tell this to anyone. ²²He also said to them, "The Son of Man must suffer much and be rejected by the elders, the chief priests, and the teachers of the Law. He will be put to death, but three days later he will be raised to life."

²³And he said to them all, "Anyone who wants to come with me must forget self, take up their cross every day, and follow me. ²⁴For whoever wants to save their own life will lose it, but whoever loses their life for my sake will save it. ²⁵Will people gain anything if they win the whole world but are themselves lost or defeated? Of course

9.19: Mt 14.1–2; Mk 6.14–15; Lk 9.7–8   **9.20:** Jn 6.68–69   **9.23:** Mt 10.38; Lk 14.27
9.24: Mt 10.39; Lk 17.33; Jn 12.25

popeth sydd gan y byd i'w gynnig, a cholli eich hunan? [26]Pawb sydd
â chywilydd ohono i a beth dw i'n ei ddweud, bydd gen i, Fab y Dyn,
gywilydd ohonyn nhw pan fydda i'n dod yn ôl yn fy holl ysblander,
sef ysblander y Tad a'i angylion sanctaidd. [27]Credwch chi fi, wnaiff
rhai ohonoch chi sy'n sefyll yma ddim marw cyn cael gweld Duw'n
teyrnasu."

Y Gweddnewidiad
(Mathew 17:1-8; Marc 9:2-8)

[28]Tuag wythnos ar ôl iddo ddweud hyn, aeth Iesu i weddïo i ben
mynydd, a mynd â Pedr, Iago ac Ioan gydag e. [29]Wrth iddo
weddïo newidiodd ei olwg, a throdd ei ddillad yn wyn llachar.
[30]A dyma nhw'n gweld dau ddyn, Moses ac Elias, yn sgwrsio gyda
Iesu. [31]Roedd hi'n olygfa anhygoel,* ac roedden nhw'n siarad am
y ffordd roedd Iesu'n mynd i adael y byd,* hynny ydy beth oedd ar
fin digwydd iddo yn Jerwsalem. [32]Roedd Pedr a'r lleill wedi bod yn
teimlo'n gysglyd iawn, ond dyma nhw'n deffro go iawn pan welon
nhw ysblander Iesu a'r ddau ddyn yn sefyll gydag e. [33]Pan oedd
Moses ac Elias ar fin gadael, dyma Pedr yn dweud wrth Iesu, "Feistr,
mae'n dda cael bod yma. Gad i ni godi tair lloches — un i ti, un
i Moses ac un i Elias." (Doedd ganddo ddim syniad go iawn beth
roedd yn ei ddweud!)

[34]Tra roedd yn dweud hyn, dyma gwmwl yn dod i lawr a chau o'u
cwmpas. Roedden nhw wedi dychryn wrth iddyn nhw fynd i mewn
i'r cwmwl. [35]A dyma lais yn dod o'r cwmwl a dweud, "Fy Mab i ydy
hwn — yr un dw i wedi ei ddewis. Gwrandwch arno!" [36]Ar ôl i'r llais
ddweud hyn, roedd Iesu ar ei ben ei hun unwaith eto. Dyma'r lleill
yn cadw'n dawel am y peth — ddwedon nhw ddim wrth neb bryd
hynny am beth roedden nhw wedi ei weld.

Iacháu bachgen oedd ag ysbryd drwg ynddo
(Mathew 17:14-18; Marc 9:14-27)

[37]Y diwrnod wedyn, pan ddaethon nhw i lawr o'r mynydd, daeth
tyrfa fawr i'w gyfarfod. [38]Dyma ryw ddyn yn y dyrfa yn gweiddi ar
Iesu, "Athro, dw i'n crefu arnat ti i edrych ar fy mab i — dyma fy
unig blentyn i! [39]Mae yna ysbryd yn gafael ynddo'n aml, ac yn sydyn
mae'n sgrechian; wedyn mae'r ysbryd yn gwneud iddo gael ffit nes ei
fod yn glafoerio. Dydy'r ysbryd prin yn gadael llonydd iddo! Mae'n
ei ddinistrio! [40]Roeddwn i'n crefu ar dy ddisgyblion di i'w fwrw allan,
ond doedden nhw ddim yn gallu."

----

* *Roedd hi'n olygfa anhygoel:* Groeg, "wedi dod i'r golwg mewn ysblander"
* *y ffordd roedd Iesu'n mynd i adael y byd:* Groeg, "ei exodus", sef yma, y ffordd oedd e'n
  mynd i achub pobl drwy ei farwolaeth.

not! ²⁶If people are ashamed of me and of my teaching, then the Son of Man will be ashamed of them when he comes in his glory and in the glory of the Father and of the holy angels. ²⁷I assure you that there are some here who will not die until they have seen the Kingdom of God."

The Transfiguration
(Mt 17.1–8; Mk 9.2–8)

²⁸About a week after he had said these things, Jesus took Peter, John, and James with him and went up a hill to pray. ²⁹While he was praying, his face changed its appearance, and his clothes became dazzling white. ³⁰Suddenly two men were there talking with him. They were Moses and Elijah, ³¹who appeared in heavenly glory and talked with Jesus about the way in which he would soon fulfil God's purpose by dying in Jerusalem. ³²Peter and his companions were sound asleep, but they woke up and saw Jesus' glory and the two men who were standing with him. ³³As the men were leaving Jesus, Peter said to him, "Master, how good it is that we are here! We will make three tents, one for you, one for Moses, and one for Elijah." (He did not really know what he was saying.)

³⁴While he was still speaking, a cloud appeared and covered them with its shadow; and the disciples were afraid as the cloud came over them. ³⁵A voice said from the cloud, "This is my Son, whom I have chosen — listen to him!"

³⁶When the voice stopped, there was Jesus all alone. The disciples kept quiet about all this, and told no one at that time anything they had seen.

Jesus Heals a Boy with an Evil Spirit
(Mt 17.14–18; Mk 9.14–27)

³⁷The next day Jesus and the three disciples went down from the hill, and a large crowd met Jesus. ³⁸A man shouted from the crowd, "Teacher! I beg you, look at my son — my only son! ³⁹A spirit attacks him with a sudden shout and throws him into a fit, so that he foams at the mouth; it keeps on hurting him and will hardly let him go! ⁴⁰I begged your disciples to drive it out, but they couldn't."

9.28–35: 2 Pet 1.17–18   9.35: Is 42.1; Mt 3.17; 12.18; Mk 1.11; Lk 3.22

⁴¹"Pam dych chi mor ystyfnig ac amharod i gredu?" meddai Iesu, "Am faint dw i'n mynd i aros gyda chi a'ch dioddef chi? Tyrd â dy fab yma."

⁴²Wrth i'r bachgen ddod ato dyma'r cythraul yn ei fwrw ar lawr mewn ffit epileptig. Ond dyma Iesu'n ceryddu'r ysbryd drwg, iacháu'r bachgen a'i roi yn ôl i'w dad. ⁴³Roedd pawb wedi eu syfrdanu wrth weld nerth Duw ar waith.

Iesu'n siarad am ei farwolaeth eto
(Mathew 17:22,23; Marc 9:30-32)

Tra roedd pawb wrthi'n rhyfeddu at yr holl bethau roedd Iesu'n eu gwneud, dwedodd wrth ei ddisgyblion, ⁴⁴"Gwnewch yn siŵr eich bod yn cofio fy mod i wedi dweud hyn: Dw i, Mab y Dyn, yn mynd i gael fy mradychu." ⁴⁵Doedd gan y disgyblion ddim syniad am beth oedd e'n sôn. Roedd yn ddirgelwch iddyn nhw, ac roedden nhw'n methu'n lân a deall beth roedd yn ei olygu, ond roedd arnyn nhw ofn gofyn iddo am y peth.

Pwy fydd y pwysica?
(Mathew 18:1–5; Marc 9:33–37)

⁴⁶Dyma'r disgyblion yn dechrau dadlau pwy ohonyn nhw oedd y pwysica. ⁴⁷Roedd Iesu'n gwybod beth oedd yn mynd trwy eu meddyliau, a gosododd blentyn bach i sefyll wrth ei ymyl. ⁴⁸Yna meddai wrthyn nhw, "Mae pwy bynnag sy'n rhoi croeso i'r plentyn bach yma am ei fod yn perthyn i mi, yn rhoi croeso i mi; ac mae pwy bynnag sy'n rhoi croeso i mi yn croesawu'r Un sydd wedi fy anfon i. Mae'r un lleia pwysig ohonoch chi yn bwysig dros ben."

Yn eich erbyn neu o'ch plaid
(Marc 9:38-40)

⁴⁹"Feistr," meddai Ioan, "gwelon ni rywun yn bwrw allan gythreuliaid yn dy enw di, a dyma ni'n dweud wrtho am stopio, am ei fod e ddim yn un o'n criw ni."

⁵⁰"Peidiwch gwneud hynny," meddai Iesu. "Os ydy rhywun ddim yn eich erbyn chi, mae o'ch plaid chi."

Pobl Samaria yn ei wrthwynebu

⁵¹Dyma Iesu'n cychwyn ar y daith i Jerwsalem, gan fod yr amser yn agosáu iddo fynd yn ôl i'r nefoedd. ⁵²Anfonodd negeswyr o'i flaen, a dyma nhw'n mynd i un o bentrefi Samaria i baratoi ar ei gyfer; ⁵³ond dyma'r bobl yno yn gwrthod rhoi croeso iddo am ei fod ar ei ffordd

⁴¹Jesus answered, "How unbelieving and wrong you people are! How long must I stay with you? How long do I have to put up with you?" Then he said to the man, "Bring your son here."

⁴²As the boy was coming, the demon knocked him to the ground and threw him into a fit. Jesus gave a command to the evil spirit, healed the boy, and gave him back to his father. ⁴³All the people were amazed at the mighty power of God.

Jesus Speaks Again about his Death
(Mt 17.22–23; Mk 9.30–32)

The people were still marvelling at everything Jesus was doing, when he said to his disciples, ⁴⁴"Don't forget what I am about to tell you! The Son of Man is going to be handed over to the power of human beings." ⁴⁵But the disciples did not know what this meant. It had been hidden from them so that they could not understand it, and they were afraid to ask him about the matter.

Who is the Greatest?
(Mt 18.1–5; Mk 9.33–37)

⁴⁶An argument broke out among the disciples as to which one of them was the greatest. ⁴⁷Jesus knew what they were thinking, so he took a child, stood him by his side, ⁴⁸and said to them, "Whoever welcomes this child in my name, welcomes me; and whoever welcomes me, also welcomes the one who sent me. For the one who is least among you all is the greatest."

Whoever is not Against You is For You
(Mk 9.38–40)

⁴⁹John spoke up, "Master, we saw a man driving out demons in your name, and we told him to stop, because he doesn't belong to our group."

⁵⁰"Do not try to stop him," Jesus said to him and to the other disciples, "because whoever is not against you is for you."

A Samaritan Village Refuses to Receive Jesus

⁵¹As the time drew near when Jesus would be taken up to heaven, he made up his mind and set out on his way to Jerusalem. ⁵²He sent messengers ahead of him, who went into a village in Samaria to get everything ready for him. ⁵³But the people there would not receive him, because it was clear that he was on his way to Jerusalem.

9.46: Lk 22.24   9.48: Mt 10.40; Lk 10.16; Jn 13.20

i Jerwsalem. ⁵⁴Pan glywodd Iago ac Ioan am hyn, dyma nhw'n dweud wrth Iesu, "Arglwydd, wyt ti am i ni alw tân i lawr o'r nefoedd i'w dinistrio nhw?" ⁵⁵A dyma Iesu'n troi atyn nhw a'u ceryddu nhw am ddweud y fath beth. ⁵⁶A dyma nhw'n mynd yn eu blaenau i bentref arall.

Y gost o ddilyn Iesu
(Mathew 8:19-22)

⁵⁷Wrth iddyn nhw gerdded ar hyd y ffordd, dyma rywun yn dweud wrtho, "Dw i'n fodlon dy ddilyn di ble bynnag byddi di'n mynd!"

⁵⁸Atebodd Iesu, "Mae gan lwynogod ffeuau ac adar nythod, ond does gen i, Mab y Dyn, ddim lle i orffwys."

⁵⁹Dwedodd Iesu wrth rywun arall, "Tyrd, dilyn fi."

Ond dyma'r dyn yn dweud, "Arglwydd, gad i mi fynd adre i gladdu fy nhad gyntaf."

⁶⁰Ond ateb Iesu oedd, "Gad i'r rhai sy'n farw eu hunain gladdu eu meirw; dy waith di ydy cyhoeddi fod Duw yn dod i deyrnasu."

⁶¹Dwedodd rhywun arall wedyn, "Gwna i dy ddilyn di, Arglwydd; ond gad i mi fynd i ffarwelio â'm teulu gyntaf."

⁶²Atebodd Iesu, "Dydy'r sawl sy'n gafael yn yr aradr ac yn edrych yn ôl ddim ffit i wasanaethu'r Duw sy'n teyrnasu."

Iesu'n anfon y saith deg dau allan

10 Ar ôl hyn dyma Iesu'n penodi saith deg dau* o rai eraill a'u hanfon o'i flaen bob yn ddau i'r lleoedd roedd ar fin mynd iddyn nhw. ²Meddai wrthyn nhw, "Mae'r cynhaeaf mor fawr, a'r gweithwyr mor brin! Felly, gofynnwch i Arglwydd y cynhaeaf anfon mwy o weithwyr i'w feysydd. ³Ewch! Dw i'n eich anfon chi allan fel ŵyn i ganol pac o fleiddiaid. ⁴Peidiwch mynd â phwrs na bag teithio na sandalau gyda chi; a pheidiwch stopio i gyfarch neb ar y ffordd.

⁵"Pan ewch i mewn i gartre rhywun, gofynnwch i Dduw fendithio'r cartref hwnnw cyn gwneud unrhyw beth arall. ⁶Os oes rhywun yna sy'n agored i dderbyn y fendith, bydd yn cael ei fendithio; ond os oes neb, bydd y fendith yn dod yn ôl arnoch chi. ⁷Peidiwch symud o gwmpas o un tŷ i'r llall; arhoswch yn yr un lle, gan fwyta ac yfed beth bynnag sy'n cael ei roi o'ch blaen chi. Mae gweithiwr yn haeddu ei gyflog.

⁸"Os byddwch yn cael croeso mewn rhyw dref, bwytwch beth bynnag sy'n cael ei roi o'ch blaen chi. ⁹Ewch ati i iacháu y rhai sy'n

---

* *saith deg dau:* Mae rhai llawysgrifau yn dweud *saith deg*. Roedd traddodiad Iddewig yn dysgu fod saith deg o wledydd yn y byd. Ond mae'r LXX, sef y cyfieithiad Groeg o'r ysgrifau sanctaidd Iddewig yn rhoi "saith deg dau" yn lle "saith deg". Drwy anfon y nifer yma o bobl allan roedd Iesu yn awgrymu fod ei neges ar gyfer pawb yn y byd i gyd.
9:54 cyfeiriad at 2 Brenhinoedd 1:9-16

54When the disciples James and John saw this, they said, "Lord, do you want us to call fire down from heaven to destroy them?"*

55Jesus turned and rebuked them.* 56Then Jesus and his disciples went on to another village.

The Would-be Followers of Jesus
(Mt 8.19–22)

57As they went on their way, a man said to Jesus, "I will follow you wherever you go."

58Jesus said to him, "Foxes have holes, and birds have nests, but the Son of Man has nowhere to lie down and rest."

59He said to another man, "Follow me."

But that man said, "Sir, first let me go back and bury my father."

60Jesus answered, "Let the dead bury their own dead. You go and proclaim the Kingdom of God."

61Someone else said, "I will follow you, sir; but first let me go and say goodbye to my family."

62Jesus said to him, "Anyone who starts to plough and then keeps looking back is of no use to the Kingdom of God."

Jesus Sends Out the 72

10 After this the Lord chose another 72* men and sent them out two by two, to go ahead of him to every town and place where he himself was about to go. 2He said to them, "There is a large harvest, but few workers to gather it in. Pray to the owner of the harvest that he will send out workers to gather in his harvest. 3Go! I am sending you like lambs among wolves. 4Don't take a purse or a beggar's bag or shoes; don't stop to greet anyone on the road. 5Whenever you go into a house, first say, 'Peace be with this house.' 6If a peace-loving person lives there, let your greeting of peace remain on him; if not, take back your greeting of peace. 7Stay in that same house, eating and drinking whatever they offer you, for workers should be given their pay. Don't move round from one house to another. 8Whenever you go into a town and are made welcome, eat what is set before you, 9heal the sick in that town, and

---

* Some manuscripts add *as Elijah did.*
* Some manuscripts add *and said, "You don't know what kind of a Spirit you belong to; for the Son of Man did not come to destroy people's lives, but to save them."*
* *72;* some manuscripts have *seventy.*
9.54: 2 Kgs 1.9–16   **9.61:** 1 Kgs 19.20   **10.2:** Mt 9.37–38   **10.3:** Mt 10.16
10.4–11: Mt 10.7–14; Mk 6.8–11; Lk 9.3–5   **10.7:** 1 Cor 9.14; 1 Tim 5.18

glaf yno, a dweud wrthyn nhw, 'Mae Duw ar fin dod* i deyrnasu.'
[10]Ond os ewch i mewn i ryw dref heb gael dim croeso yno, ewch
allan i'w strydoedd a dweud, [11]'Dŷn ni'n sychu llwch eich tref chi
i ffwrdd oddi ar ein traed ni, fel arwydd yn eich erbyn chi! Ond
gallwch fod yn reit siŵr o hyn — bod Duw ar fin dod i deyrnasu!'
[12]Wir i chi, bydd hi'n well ar Sodom ar ddydd y farn nag ar y dref
honno!

Gwae'r trefi sy'n gwrthod troi at Dduw
(Mathew 11:20-24)

[13]"Gwae ti, Chorasin! Gwae ti, Bethsaida! Petai'r gwyrthiau
wnes i ynoch chi wedi digwydd yn Tyrus a Sidon, byddai'r bobl
yno wedi hen ddangos eu bod yn edifar, trwy eistedd ar lawr yn
gwisgo sachliain a thaflu lludw ar eu pennau. [14]Bydd hi'n well ar
Tyrus a Sidon ar ddydd y farn nag arnoch chi! [15]A beth amdanat ti,
Capernaum? Wyt ti'n meddwl y byddi di'n cael dy anrhydeddu? Na,
byddi di'n cael dy fwrw i lawr i'r dyfnder tywyll!

[16]"Mae pwy bynnag sy'n gwrando ar eich neges chi yn fy nerbyn
i, a phwy bynnag sy'n eich gwrthod chi yn fy ngwrthod i hefyd. Ac
mae pwy bynnag sy'n fy ngwrthod i yn gwrthod Duw, yr un sydd
wedi fy anfon i."

Y saith deg dau yn mynd yn ôl

[17]Pan ddaeth y saith deg dau yn ôl, dyma nhw'n dweud yn frwd,
"Arglwydd, mae hyd yn oed y cythreuliaid yn ufuddhau i ni wrth i ni dy
enwi di."

[18]Atebodd Iesu, "Gwelais Satan yn syrthio fel mellten o'r awyr! [19]Dw
i wedi rhoi'r awdurdod i chi dros holl nerth y gelyn! Gallwch sathru
ar nadroedd a sgorpionau a fydd dim byd yn gwneud niwed i chi!
[20]Ond peidiwch bod yn llawen am fod ysbrydion drwg yn ufuddhau
i chi; y rheswm dros fod yn llawen ydy bod eich enwau wedi eu
hysgrifennu yn y nefoedd."

Iesu yn diolch i Dduw ei dad
(Mathew 11:25-27; 13:16,17)

[21]Bryd hynny roedd Iesu'n fwrlwm o lawenydd yr Ysbryd Glân, ac
meddai "Fy Nhad. Arglwydd y nefoedd a'r ddaear. Diolch i ti am
guddio'r pethau yma oddi wrth y bobl sy'n meddwl eu bod nhw mor

* *ar fin dod:* Neu "wedi dod".
10:15 gw. Eseia 14:13-15

say to the people there, 'The Kingdom of God has come near you.'
¹⁰But whenever you go into a town and are not welcomed, go out
in the streets and say, ¹¹'Even the dust from your town that sticks to
our feet we wipe off against you. But remember that the Kingdom
of God has come near you!' ¹²I assure you that on Judgement Day
God will show more mercy to Sodom than to that town!

The Unbelieving Towns
(Mt 11.20–24)
¹³"How terrible it will be for you, Chorazin! How terrible for you
too, Bethsaida! If the miracles which were performed in you had
been performed in Tyre and Sidon, the people there would long ago
have sat down, put on sackcloth, and sprinkled ashes on themselves,
to show that they had turned from their sins! ¹⁴God will show more
mercy on Judgement Day to Tyre and Sidon than to you. ¹⁵And as
for you, Capernaum! Did you want to lift yourself up to heaven? You
will be thrown down to hell!"

¹⁶Jesus said to his disciples, "Whoever listens to you listens to me;
whoever rejects you rejects me; and whoever rejects me rejects the
one who sent me."

The Return of the 72
¹⁷The 72* men came back in great joy. "Lord," they said, "even the
demons obeyed us when we gave them a command in your name!"

¹⁸Jesus answered them, "I saw Satan fall like lightning from
heaven. ¹⁹Listen! I have given you authority, so that you can walk on
snakes and scorpions and overcome all the power of the Enemy, and
nothing will hurt you. ²⁰But don't be glad because the evil spirits
obey you; rather be glad because your names are written in heaven."

Jesus Rejoices
(Mt 11.25–27; 13.16–17)
²¹At that time Jesus was filled with joy by the Holy Spirit* and said,
"Father, Lord of heaven and earth! I thank you because you have

* *72;* some manuscripts have *seventy* (see verse 1).
* *by the Holy Spirit;* some manuscripts have *by the Spirit;* others have *in his Spirit.*
10.10–11: Acts 13.51   **10.12:** Gen 19.24–28; Mt 11.24; 10.15
10.13: Is 23.1–18; Ezek 26.1—28.26; Joel 3.4–8; Amos 1.9–10; Zech 9.2–4   **10.15:** Is 14.13–15
10.16: Mt 10.40; Mk 9.37; Lk 9.48; Jn 13.20   **10.19:** Ps 91.13

ddoeth a chlyfar, a'u dangos i'r rhai sy'n agored fel plant bach. Ie, fy Nhad, dyna sy'n dy blesio di.

²²"Mae fy Nhad wedi rhoi popeth yn fy ngofal i. Does neb yn nabod y Mab go iawn ond y Tad, a does neb yn nabod y Tad go iawn ond y Mab, a'r rhai hynny mae'r Mab wedi dewis ei ddangos iddyn nhw."

²³Pan oedden nhw ar eu pennau eu hunain trodd at ei ddisgyblion a dweud, "Dych chi'n cael y fath fraint o weld beth sy'n digwydd! ²⁴Dw i'n dweud wrthoch chi fod llawer o broffwydi a brenhinoedd wedi bod yn ysu am gael gweld beth dych chi'n ei weld a chlywed beth dych chi'n ei glywed, ond chawson nhw ddim."

Stori y Samariad caredig

²⁵Un tro safodd un o'r arbenigwyr yn y Gyfraith ar ei draed i roi prawf ar Iesu. Gofynnodd iddo, "Athro, beth sydd raid i mi ei wneud i gael bywyd tragwyddol?"

²⁶Atebodd Iesu, "Beth mae Cyfraith Moses yn ei ddweud? Sut wyt ti'n ei deall?"

²⁷Meddai'r dyn: " *'Rwyt i garu'r Arglwydd dy Dduw â'th holl galon, ac â'th holl enaid, â'th holl nerth ac â'th holl feddwl,'* a, *'Rwyt i garu dy gymydog fel rwyt ti'n dy garu dy hun.'* "

²⁸"Rwyt ti'n iawn!" meddai Iesu. "Gwna hynny a chei di fywyd."

²⁹Ond roedd y dyn eisiau cyfiawnhau ei hun, felly gofynnodd i Iesu, "Ond pwy ydy fy nghymydog i?"

³⁰Dyma sut atebodd Iesu: "Roedd dyn yn teithio i lawr o Jerwsalem i Jericho, a dyma ladron yn ymosod arno. Dyma nhw'n dwyn popeth oddi arno, ac yna ei guro cyn dianc. Cafodd ei adael bron marw ar ochr y ffordd. ³¹Dyma offeiriad Iddewig yn digwydd dod heibio, ond pan welodd y dyn yn gorwedd yno croesodd i ochr arall y ffordd a mynd yn ei flaen. ³²A dyma un o Lefiaid y deml yn gwneud yr un peth; aeth i edrych arno, ond yna croesi'r ffordd a mynd yn ei flaen. ³³Ond yna dyma Samariad yn dod i'r fan lle roedd y dyn yn gorwedd. Pan welodd e'r dyn, roedd yn teimlo trueni drosto. ³⁴Aeth ato a rhwymo cadachau am ei glwyfau, a'u trin gydag olew a gwin. Yna cododd y dyn a'i roi ar gefn ei asyn ei hun, a dod o hyd i lety a gofalu amdano yno. ³⁵Y diwrnod wedyn rhoddodd ddau ddenariws i berchennog y llety. 'Gofala amdano,' meddai wrtho, 'Ac os bydd costau ychwanegol, gwna i dalu i ti y tro nesa bydda i'n mynd heibio.'

³⁶"Felly" meddai Iesu, "yn dy farn di, pa un o'r tri fu'n gymydog i'r dyn wnaeth y lladron ymosod arno?"

10:27 a Deuteronomium 6:5; b Lefiticus 19:18   10:28 gw. Lefiticus 18:5

shown to the unlearned what you have hidden from the wise and learned. Yes, Father, this was how you wanted it to happen.

[22]"My Father has given me all things. No one knows who the Son is except the Father, and no one knows who the Father is except the Son and those to whom the Son chooses to reveal him."

[23]Then Jesus turned to the disciples and said to them privately, "How fortunate you are to see the things you see! [24]I tell you that many prophets and kings wanted to see what you see, but they could not, and to hear what you hear, but they did not."

The Parable of the Good Samaritan

[25]A teacher of the Law came up and tried to trap Jesus. "Teacher," he asked, "what must I do to receive eternal life?"

[26]Jesus answered him, "What do the Scriptures say? How do you interpret them?"

[27]The man answered, "'Love the Lord your God with all your heart, with all your soul, with all your strength, and with all your mind'; and 'Love your neighbour as you love yourself.'"

[28]"You are right," Jesus replied; "do this and you will live."

[29]But the teacher of the Law wanted to justify himself, so he asked Jesus, "Who is my neighbour?"

[30]Jesus answered, "There was once a man who was going down from Jerusalem to Jericho when robbers attacked him, stripped him, and beat him up, leaving him half dead. [31]It so happened that a priest was going down that road; but when he saw the man, he walked on by, on the other side. [32]In the same way a Levite also came along, went over and looked at the man, and then walked on by, on the other side. [33]But a Samaritan who was travelling that way came upon the man, and when he saw him, his heart was filled with pity. [34]He went over to him, poured oil and wine on his wounds and bandaged them; then he put the man on his own animal and took him to an inn, where he took care of him. [35]The next day he took out two silver coins and gave them to the innkeeper. 'Take care of him,' he told the innkeeper, 'and when I come back this way, I will pay you whatever else you spend on him.'"

[36]And Jesus concluded, "In your opinion, which one of these three acted like a neighbour towards the man attacked by the robbers?"

10.22: Jn 3.35; 10.15   10.25–28: Mt 22.35–40; Mk 12.28–34   10.27: Lev 19.18; Deut 6.5
10.28: Lev 18.5   10.33–34: 2 Chr 28.15

[37]Dyma'r arbenigwr yn y Gyfraith yn ateb, "Yr un wnaeth ei helpu."
Yna dwedodd Iesu, "Dos dithau a gwna'r un fath."

Yng nghartre Martha a Mair

[38]Wrth i Iesu deithio yn ei flaen i Jerwsalem gyda'i ddisgyblion, daeth i bentref lle roedd gwraig o'r enw Martha yn byw. A dyma hi'n rhoi croeso iddo i'w chartre. [39]Roedd gan Martha chwaer o'r enw Mair, ac eisteddodd hi o flaen yr Arglwydd yn gwrando ar yr hyn roedd e'n ei ddweud. [40]Ond roedd yr holl baratoadau roedd angen eu gwneud yn cymryd sylw Martha i gyd, a daeth at Iesu a gofyn iddo, "Arglwydd, dwyt ti ddim yn poeni bod fy chwaer wedi gadael i mi wneud y gwaith i gyd? Dywed wrthi am ddod i helpu!"

[41]"Martha annwyl," meddai'r Arglwydd wrthi, "rwyt ti'n poeni ac yn cynhyrfu am y pethau yna i gyd, [42]ond dim ond un peth sydd wir yn bwysig. Mae Mair wedi dewis y peth hwnnw, a fydd neb yn gallu ei gymryd oddi arni hi."

Iesu'n dysgu am weddi

(Mathew 6:9-13; 7:7-11)

11 Un diwrnod roedd Iesu'n gweddïo mewn lle arbennig. Pan oedd wedi gorffen, dyma un o'i ddisgyblion yn gofyn iddo, "Arglwydd, dysgodd Ioan ei ddisgyblion i weddïo, felly dysga di ni."

[2]Dwedodd wrthyn nhw, "Wrth weddïo dwedwch fel hyn:
  'Dad,
     dŷn ni eisiau i dy enw di gael ei anrhydeddu.
     Dŷn ni eisiau i ti ddod i deyrnasu.
[3] Rho i ni ddigon o fwyd i'n cadw ni'n fyw bob dydd.
[4] Maddau ein pechodau i ni —
     achos dŷn ni'n maddau i'r rhai sy'n pechu yn ein herbyn ni.
   Cadw ni rhag syrthio pan fyddwn ni'n cael ein profi.' "

[5]Yna dwedodd hyn: "Cymerwch fod gynnoch chi ffrind, a'ch bod yn mynd ato am hanner nos ac yn dweud, 'Wnei di fenthyg tair torth o fara i mi? [6]Mae yna ffrind arall i mi wedi galw heibio i ngweld i, a does gen i ddim byd i'w roi iddo i'w fwyta.'

[7]"Mae'r ffrind sydd yn y tŷ yn ateb, 'Gad lonydd i mi. Dw i wedi cloi'r drws ac mae'r plant yn y gwely gyda mi. Alla i ddim dy helpu di.' [8]Ond wir i chi, er ei fod yn gwrthod codi i roi bara iddo am eu bod yn ffrindiau; am ei fod yn dal ati i ofyn bydd yn codi yn y diwedd, ac yn rhoi popeth mae e eisiau iddo.

³⁷The teacher of the Law answered, "The one who was kind to him."

Jesus replied, "You go, then, and do the same."

Jesus Visits Martha and Mary

³⁸As Jesus and his disciples went on their way, he came to a village where a woman named Martha welcomed him in her home. ³⁹She had a sister named Mary, who sat down at the feet of the Lord and listened to his teaching. ⁴⁰Martha was upset over all the work she had to do, so she came and said, "Lord, don't you care that my sister has left me to do all the work by myself? Tell her to come and help me!"

⁴¹The Lord answered her, "Martha, Martha! You are worried and troubled over so many things, ⁴²but just one is needed. Mary has chosen the right thing, and it will not be taken away from her."

Jesus' Teaching on Prayer

(Mt 6.9–13; 7.7–11)

11 One day Jesus was praying in a certain place. When he had finished, one of his disciples said to him, "Lord, teach us to pray, just as John taught his disciples."

²Jesus said to them, "When you pray, say this:

'Father:

May your holy name be honoured;

may your Kingdom come.

³   Give us day by day the food we need.[*]

⁴   Forgive us our sins,

for we forgive everyone who does us wrong.

And do not bring us to hard testing.'"

⁵And Jesus said to his disciples, "Suppose one of you should go to a friend's house at midnight and say, 'Friend, let me borrow three loaves of bread. ⁶A friend of mine who is on a journey has just come to my house, and I haven't got any food for him!' ⁷And suppose your friend should answer from inside, 'Don't bother me! The door is already locked, and my children and I are in bed. I can't get up and give you anything.' ⁸Well, what then? I tell you that even if he will not get up and give you the bread because you are his friend, yet he will get up and give you everything you need because you are not ashamed to keep on asking.

---

[*] *the food we need;* or *food for the next day.*
10.38–39: Jn 11.1

⁹"Daliwch ati i ofyn a byddwch yn ei gael; chwiliwch a byddwch yn dod o hyd iddo; curwch y drws a bydd yn cael ei agor. ¹⁰Mae pawb sy'n gofyn yn derbyn; pawb sy'n chwilio yn cael; ac mae'r drws yn cael ei agor i bawb sy'n curo.

¹¹"Pwy ohonoch chi fyddai'n rhoi neidr i'ch plentyn pan mae'n gofyn am bysgodyn? ¹²Neu sgorpion pan mae'n gofyn am ŵy? Wrth gwrs ddim! ¹³Felly os ydych chi sy'n ddrwg yn gwybod sut i roi anrhegion da i'ch plant, mae'r Tad nefol yn siŵr o roi'r Ysbryd Glân i'r rhai sy'n gofyn iddo!"

Iesu a Beelsebwl
(Mathew 12:22-30; Marc 3:20-27)

¹⁴Roedd Iesu'n bwrw cythraul allan o ddyn oedd yn fud. Pan aeth y cythraul allan ohono dyma'r dyn yn dechrau siarad, ac roedd y bobl yno wedi eu syfrdanu. ¹⁵Ond roedd rhai yn dweud, "Beelsebwl (y diafol ei hun), tywysog y cythreuliaid, sy'n rhoi'r gallu iddo wneud hyn." ¹⁶Ac roedd eraill yn ceisio cael Iesu i brofi ei hun drwy wneud rhyw arwydd gwyrthiol.

¹⁷Ond roedd Iesu'n gwybod beth oedd yn mynd trwy eu meddyliau, ac meddai wrthyn nhw: "Bydd teyrnas lle mae yna ryfel cartref yn syrthio, a bydd teulu sy'n ymladd â'i gilydd o hyd yn chwalu. ¹⁸Os ydy Satan yn ymladd ei hun, a'i deyrnas wedi ei rhannu, sut mae'n bosib i'w deyrnas sefyll? Dw i'n gofyn y cwestiwn am eich bod chi'n honni mai Beelsebwl sy'n rhoi'r gallu i mi fwrw allan gythreuliaid. ¹⁹Felly os mai Beelsebwl sy'n rhoi'r gallu i mi, pwy sy'n rhoi'r gallu i'ch dilynwyr chi? Byddan nhw'n eich barnu chi! ²⁰Ond os mai Duw sy'n rhoi'r gallu i mi fwrw allan gythreuliaid, yna mae Duw wedi dod i deyrnasu.

²¹"Pan mae dyn cryf arfog yn amddiffyn ei gartref, mae ei eiddo yn ddiogel. ²²Ond pan mae rhywun cryfach yn ymosod arno a'i drechu, mae'n cymryd ei arfau oddi ar y dyn, ac yn dwyn ei eiddo.

²³"Os dydy rhywun ddim ar fy ochr i, mae yn fy erbyn i. Ac os dydy rhywun ddim yn gweithio gyda mi, mae'n gweithio yn fy erbyn i.

Ysbryd drwg yn dod yn ôl
(Mathew 12:43-45)

²⁴"Pan mae ysbryd drwg yn dod allan o rywun, mae'n mynd i grwydro lleoedd anial yn edrych am le i orffwys. Ond yna pan mae'n methu dod o hyd i rywle, mae'n meddwl, 'Dw i am fynd yn ôl i lle roeddwn i'n byw.' ²⁵Mae'n cyrraedd ac yn darganfod y tŷ wedi ei lanhau a'i dacluso trwyddo. ²⁶Wedyn mae'n mynd â saith ysbryd gwaeth na'i hun i fyw gydag e! Mae'r person mewn gwaeth cyflwr ar y diwedd nag oedd ar y dechrau!"

9 "And so I say to you: ask, and you will receive; seek, and you will find; knock, and the door will be opened to you. 10 For all those who ask will receive, and those who seek will find, and the door will be opened to anyone who knocks. 11 Would any of you who are fathers give your son a snake when he asks for fish? 12 Or would you give him a scorpion when he asks for an egg? 13 Bad as you are, you know how to give good things to your children. How much more, then, will the Father in heaven give the Holy Spirit to those who ask him!"

Jesus and Beelzebul

(Mt 12.22–30; Mk 3.20–27)

14 Jesus was driving out a demon that could not talk; and when the demon went out, the man began to talk. The crowds were amazed, 15 but some of the people said, "It is Beelzebul, the chief of the demons, who gives him the power to drive them out."

16 Others wanted to trap Jesus, so they asked him to perform a miracle to show that God approved of him. 17 But Jesus knew what they were thinking, so he said to them, "Any country that divides itself into groups which fight each other will not last very long; a family divided against itself falls apart. 18 So if Satan's kingdom has groups fighting each other, how can it last? You say that I drive out demons because Beelzebul gives me the power to do so. 19 If this is how I drive them out, how do your followers drive them out? Your own followers prove that you are wrong! 20 No, it is rather by means of God's power that I drive out demons, and this proves that the Kingdom of God has already come to you.

21 "When a strong man, with all his weapons ready, guards his own house, all his belongings are safe. 22 But when a stronger man attacks him and defeats him, he carries away all the weapons the owner was depending on and divides up what he stole.

23 "Anyone who is not for me is really against me; anyone who does not help me gather is really scattering.

The Return of the Evil Spirit

(Mt 12.43–45)

24 "When an evil spirit goes out of a person, it travels over dry country looking for a place to rest. If it can't find one, it says to itself, 'I will go back to my house.' 25 So it goes back and finds the house clean and tidy. 26 Then it goes out and brings seven other spirits even worse than itself, and they come and live there. So when it is all over, that person is in a worse state than he was at the beginning."

11.15: Mt 9.34; 10.25   **11.16**: Mt 12.38; 16.1; Mk 8.11   **11.23**: Mk 9.40

Gwir fendith

²⁷Pan oedd Iesu wrthi'n dweud y pethau yma, dyma ryw wraig yn y dyrfa yn gweiddi, "Mae dy fam, wnaeth dy gario di'n ei chroth a'th fagu ar ei bronnau, wedi ei bendithio'n fawr!"

²⁸Atebodd Iesu, "Mae'r rhai sy'n gwrando ar neges Duw ac yn ufuddhau iddo wedi eu bendithio'n fwy!"

Arwydd Jona

(Mathew 12:38-42; Marc 8:12)

²⁹Wrth i'r dyrfa fynd yn fwy, meddai Iesu, "Mae'r genhedlaeth yma yn ddrwg. Mae pobl yn gofyn am gael gweld gwyrth fyddai'n arwydd iddyn nhw o pwy ydw i. Ond yr unig arwydd gân nhw ydy arwydd y proffwyd Jona. ³⁰Fel roedd beth ddigwyddodd i Jona yn arwydd i bobl Ninefe, bydd yr hyn fydd yn digwydd i mi, Mab y Dyn, yn arwydd i bobl y genhedlaeth yma. ³¹Bydd Brenhines Seba* yn condemnio pobl y genhedlaeth yma ar ddydd y farn, achos roedd hi'n fodlon teithio o ben draw'r byd i wrando ar ddoethineb Solomon. Mae un mwy na Solomon yma nawr! ³²Bydd pobl Ninefe hefyd yn condemnio pobl y genhedlaeth yma, am eu bod nhw wedi newid eu ffyrdd ar ôl clywed pregethu Jona. Mae un mwy na Jona yma nawr!

Lamp y corff

(Mathew 5:15; 6:22,23)

³³"Does neb yn goleuo lamp ac wedyn yn ei gosod yn rhywle o'r golwg neu o dan fowlen. Mae lamp yn cael ei gosod mewn lle amlwg, fel bod pawb sy'n dod i mewn yn cael golau. ³⁴Dy lygad di ydy lamp y corff. Mae llygad iach, sef bod yn hael, yn gwneud dy gorff yn olau trwyddo. Ond llygad sâl ydy bod yn hunanol, a bydd dy gorff yn dywyll trwyddo. ³⁵Felly gwylia, rhag ofn bod y golau sydd gen ti yn dywyllwch! ³⁶Felly os ydy dy gorff yn olau trwyddo, heb dywyllwch yn unman, bydd dy fywyd i gyd yn olau fel petai lamp yn disgleirio arnat ti."

Chwe gwae

(Mathew 23:1-36; Marc 12:38-40; Luc 20:45-47)

³⁷Ar ôl i Iesu orffen siarad, dyma un o'r Phariseaid yn ei wahodd i'w gartref am bryd o fwyd. Felly aeth Iesu yno ac eistedd wrth y bwrdd. ³⁸Roedd y dyn oedd wedi ei wahodd yn synnu gweld Iesu yn eistedd wrth y bwrdd heb fynd trwy'r ddefod Iddewig o olchi ei ddwylo cyn bwyta.

³⁹Dyma'r Arglwydd Iesu yn dweud wrtho, "Dych chi'r Phariseaid yn glanhau tu allan y cwpan neu'r ddysgl, ond y tu mewn dych

* *Seba:* De Arabia mae'n debyg.

True Happiness

²⁷When Jesus had said this, a woman spoke up from the crowd and said to him, "How happy is the woman who bore you and nursed you!"

²⁸But Jesus answered, "Rather, how happy are those who hear the word of God and obey it!"

The Demand for a Miracle
(Mt 12.38–42)

²⁹As the people crowded round Jesus, he went on to say, "How evil are the people of this day! They ask for a miracle, but none will be given them except the miracle of Jonah. ³⁰In the same way that the prophet Jonah was a sign for the people of Nineveh, so the Son of Man will be a sign for the people of this day. ³¹On Judgement Day the Queen of Sheba will stand up and accuse the people of today, because she travelled all the way from her country to listen to King Solomon's wise teaching; and I tell you there is something here greater than Solomon. ³²On Judgement Day the people of Nineveh will stand up and accuse you, because they turned from their sins when they heard Jonah preach; and I assure you that there is something here greater than Jonah!

The Light of the Body
(Mt 5.15; 6.22–23)

³³"No one lights a lamp and then hides it or puts it under a bowl;* instead, he puts it on the lampstand, so that people may see the light as they come in. ³⁴Your eyes are like a lamp for the body. When your eyes are sound, your whole body is full of light; but when your eyes are no good, your whole body will be in darkness. ³⁵Make certain, then, that the light in you is not darkness. ³⁶If your whole body is full of light, with no part of it in darkness, it will be bright all over, as when a lamp shines on you with its brightness."

Jesus Accuses the Pharisees and the Teachers of the Law
(Mt 23.1–36; Mk 12.38–40)

³⁷When Jesus finished speaking, a Pharisee invited him to eat with him; so he went in and sat down to eat. ³⁸The Pharisee was surprised when he noticed that Jesus had not washed before eating. ³⁹So the Lord said to him, "Now then, you Pharisees clean the outside of your cup and plate, but inside you are full of violence and

---

* Some manuscripts do not have *or puts it under a bowl*.

11.29: Mt 16.4; Mk 8.12   **11.30:** Jon 3.4   **11.31:** 1 Kgs 10.1–10; 2 Chr 9.1–12   **11.32:** Jon 3.5
11.33: Mt 5.15; Mk 4.21; Lk 8.16

chi'n gwbl hunanol a drwg! [40]Y ffyliaid dall! Oes gan Dduw ddim diddordeb yn y tu mewn yn ogystal â'r tu allan? [41]Rhowch beth sydd tu mewn i'r ddysgl i'r tlodion (yn lle ei gadw i chi'ch hunain) — wedyn byddwch yn lân i gyd.

[42]"Gwae chi'r Phariseaid! Dych chi'n ofalus iawn gyda rhyw fanion fel rhoi un rhan o ddeg o beth sydd gynnoch chi i Dduw — hyd yn oed o'ch mintys, arianllys a'ch perlysiau eraill! Ond dych chi'n esgeuluso byw'n gyfiawn a charu Duw. Dylech wneud y pethau pwysicach yma heb ddiystyru'r pethau eraill.

[43]"Gwae chi'r Phariseaid! Dych chi wrth eich bodd yn cael y seddi pwysica yn y synagogau a chael pobl yn symud o'ch ffordd chi a'ch cyfarch yn barchus yn sgwâr y farchnad.

[44]"Gwae chi! Dych chi fel beddau mewn cae heb ddim arwydd i ddweud fod bedd yna, a phobl yn llygru eu hunain wrth gerdded drostyn nhw heb wybod beth maen nhw'n ei wneud!"

[45]Dyma un o'r arbenigwyr yn y Gyfraith yn ymateb, "Athro, rwyt ti'n ein sarhau ni hefyd wrth ddweud y fath bethau!"

[46]"Ie, a gwae chi'r arbenigwyr yn y Gyfraith!" meddai Iesu. "Dych chi'n llethu pobl gyda'ch rheolau crefyddol, a wnewch chi ddim codi bys bach i'w helpu nhw a gwneud pethau'n haws iddyn nhw.

[47]"Gwae chi! Dych chi'n codi cofgolofnau i anrhydeddu'r proffwydi, a'ch cyndeidiau chi laddodd nhw! [48]Dych chi'n gwybod yn iawn beth wnaeth eich cyndeidiau, ac yn cytuno â nhw; nhw laddodd y proffwydi dych chi'n codi'r cofgolofnau iddyn nhw! [49]Dyma ddwedodd Duw yn ei ddoethineb, 'Bydda i'n anfon proffwydi a negeswyr atyn nhw. Byddan nhw'n lladd rhai ac yn erlid y lleill.' [50]Bydd y genhedlaeth yma'n cael ei galw i gyfrif am ladd pob un o'r proffwydi ers i'r byd gael ei greu — [51]o lofruddiaeth Abel hyd Sechareia,* gafodd ei lofruddio rhwng yr allor a'r cysegr. Dw i'n dweud wrthoch chi, bydd y genhedlaeth yma yn cael ei galw i gyfrif am y cwbl!

[52]"Gwae chi'r arbenigwyr yn y Gyfraith! Dych chi wedi cuddio allwedd y drws sy'n arwain at ddeall yr ysgrifau sanctaidd oddi wrth y bobl. Felly dych chi'ch hunain ddim yn mynd i mewn, a dych chi'n rhwystro pobl eraill rhag mynd i mewn hefyd."

[53]Ar ôl iddo adael y tŷ, dyma'r Phariseaid a'r arbenigwyr yn y Gyfraith yn dechrau gwrthwynebu Iesu'n ffyrnig. Roedden nhw'n ymosod arno gyda chwestiynau di-baid, [54]yn y gobaith o'i gael i ddweud rhywbeth bydden nhw'n gallu ei ddefnyddio yn ei erbyn.

---

* *Abel hyd Sechareia:* Abel oedd y cyntaf i gael ei lofruddio, ac mae'r hanes yn Genesis, llyfr cyntaf yr ysgrythurau Iddewig. Ail lyfr Cronicl ydy llyfr olaf yr ysgrythurau Iddewig, a'r llofruddiaeth olaf mae'n cyfeirio ato ydy llofruddiaeth Sechareia.

evil. ⁴⁰Fools! Did not God, who made the outside, also make the inside? ⁴¹But give what is in your cups and plates to the poor, and everything will be ritually clean for you.

⁴²"How terrible for you Pharisees! You give God a tenth of the seasoning herbs, such as mint and rue and all the other herbs, but you neglect justice and love for God. These you should practise, without neglecting the others.

⁴³"How terrible for you Pharisees! You love the reserved seats in the synagogues and to be greeted with respect in the market places. ⁴⁴How terrible for you! You are like unmarked graves which people walk on without knowing it."

⁴⁵One of the teachers of the Law said to him, "Teacher, when you say this, you insult us too!"

⁴⁶Jesus answered, "How terrible also for you teachers of the Law! You put loads on people's backs which are hard to carry, but you yourselves will not stretch out a finger to help them carry those loads. ⁴⁷How terrible for you! You make fine tombs for the prophets — the very prophets your ancestors murdered. ⁴⁸You yourselves admit, then, that you approve of what your ancestors did; they murdered the prophets, and you build their tombs. ⁴⁹For this reason the Wisdom of God said, 'I will send them prophets and messengers; they will kill some of them and persecute others.' ⁵⁰So the people of this time will be punished for the murder of all the prophets killed since the creation of the world, ⁵¹from the murder of Abel to the murder of Zechariah, who was killed between the altar and the Holy Place. Yes, I tell you, the people of this time will be punished for them all!

⁵²"How terrible for you teachers of the Law! You have kept the key that opens the door to the house of knowledge; you yourselves will not go in, and you stop those who are trying to go in!"

⁵³When Jesus left that place, the teachers of the Law and the Pharisees began to criticize him bitterly and ask him questions about many things, ⁵⁴trying to lay traps for him and catch him saying something wrong.

11.42: Lev 27.30   11.51: Gen 4.8; 2 Chr 24.20–21

Rhybuddion ac anogaeth
(Mathew 10:26-27)

12 Yn y cyfamser roedd tyrfa yn ymgasglu — miloedd o bobl yn ymwthio a sathru ar draed ei gilydd. Dyma Iesu'n siarad â'i ddisgyblion yn gyntaf, ac meddai wrthyn nhw: "Cadwch draw oddi wrth furum y Phariseaid, sef y ffaith eu bod nhw mor ddauwynebog. [2]Bydd popeth sydd wedi ei guddio yn dod i'r golwg, a phob cyfrinach yn cael ei datgelu. [3]Bydd popeth ddwedoch chi o'r golwg yn cael ei glywed yng ngolau dydd, a beth gafodd ei sibrwd tu ôl i ddrysau caeëdig yn cael ei gyhoeddi'n uchel o bennau'r tai.

Pwy i'w ofni
(Mathew 10:28-31)

[4]"Ffrindiau, peidiwch bod ofn pobl. Maen nhw'n gallu lladd eich corff chi, ond ddim mwy na hynny. [5]Gwrandwch, Duw ydy'r un i'w ofni — mae'r hawl ganddo fe i'ch taflu chi i uffern ar ôl lladd y corff! Ie, ofnwch Dduw! [6]Beth ydy gwerth aderyn y to? Dych chi'n gallu prynu pump ohonyn nhw am newid mân! Ond mae Duw'n gofalu am bob un aderyn bach. [7]Dych chi'n llawer mwy gwerthfawr na haid fawr o adar y to! Mae Duw hyd yn oed wedi cyfri gwallt eich pen chi! Felly peidiwch bod ofn dim byd.

Arddel neu wadu Iesu
(Mathew 10:32-33; 12:32; 10:19-20)

[8]"Dych chi'n gallu bod yn siŵr o hyn: pwy bynnag sy'n dweud yn agored o flaen pobl eraill ei fod yn credu ynof fi, bydda i, Mab y Dyn, yn dweud yn agored o flaen angylion Duw fod y person hwnnw'n perthyn i mi. [9]Ond pwy bynnag sy'n gwadu ei fod yn credu ynof fi, bydda i'n gwadu o flaen angylion Duw fod y person hwnnw'n perthyn i mi. [10]A bydd pawb sydd wedi dweud rhywbeth yn fy erbyn i, Mab y Dyn, yn cael maddeuant, ond does dim maddeuant i'r sawl sy'n cablu'r Ysbryd Glân.

[11]"Pan fyddwch ar brawf yn y synagogau, neu o flaen y llywodraethwyr a'r awdurdodau, peidiwch poeni am eich amddiffyniad, beth i'w ddweud. [12]Bydd yr Ysbryd Glân yn dangos i chi beth i'w ddweud yn y fan a'r lle."

Stori am ffŵl cyfoethog
[13]Yna dyma rywun o ganol y dyrfa yn galw arno, "Athro, mae fy mrawd yn gwrthod rhannu'r eiddo mae dad wedi ei adael i ni. Dywed wrtho am ei rannu."

A Warning against Hypocrisy
(Mt 10.26–27)

12 As thousands of people crowded together, so that they were stepping on each other, Jesus said first to his disciples, "Be on guard against the yeast of the Pharisees — I mean their hypocrisy. [2]Whatever is covered up will be uncovered, and every secret will be made known. [3]So then, whatever you have said in the dark will be heard in broad daylight, and whatever you have whispered in private in a closed room will be shouted from the housetops.

Whom to Fear
(Mt 10.28–31)

[4]"I tell you, my friends, do not be afraid of those who kill the body but cannot afterwards do anything worse. [5]I will show you whom to fear: fear God, who, after killing, has the authority to throw into hell. Believe me, he is the one you must fear!

[6]"Aren't five sparrows sold for two pennies? Yet not one sparrow is forgotten by God. [7]Even the hairs of your head have all been counted. So do not be afraid; you are worth much more than many sparrows!

Confessing and Rejecting Christ
(Mt 10.32–33; 12.32; 10.19–20)

[8]"I assure you that for those who declare publicly that they belong to me, the Son of Man will do the same before the angels of God. [9]But those who reject me publicly, the Son of Man will also reject before the angels of God.

[10]"Whoever says a word against the Son of Man can be forgiven; but those who say evil things against the Holy Spirit will not be forgiven.

[11]"When they bring you to be tried in the synagogues or before governors or rulers, do not be worried about how you will defend yourself or what you will say. [12]For the Holy Spirit will teach you at that time what you should say."

The Parable of the Rich Fool
[13]A man in the crowd said to Jesus, "Teacher, tell my brother to divide with me the property our father left us."

12.1: Mt 16.6; Mk 8.15   **12.2:** Mk 4.22; Lk 8.17   **12.10:** Mt 12.32; Mk 3.29
12.11–12: Mt 10.19–20; Mk 13.11; Lk 21.14–15

¹⁴Atebodd Iesu, "Ffrind, pwy wnaeth fi yn farnwr neu'n ganolwr i sortio rhyw broblem felly rhyngoch chi'ch dau?" ¹⁵Yna dwedodd, "Gwyliwch eich hunain! Mae'r awydd i gael mwy a mwy o bethau yn beryglus. Dim faint o bethau sydd gynnoch chi sy'n rhoi bywyd go iawn i chi."

¹⁶A dwedodd stori wrthyn nhw: "Roedd rhyw ddyn cyfoethog yn berchen tir, a chafodd gnwd arbennig o dda un cynhaeaf. ¹⁷'Does gen i ddim digon o le i storio'r cwbl,' meddai. 'Beth wna i?'

¹⁸"'Dw i'n gwybod! Tynnu'r hen ysguboriau i lawr, ac adeiladau rhai mwy yn eu lle! Bydd gen i ddigon o le i storio popeth wedyn. ¹⁹Yna bydda i'n gallu eistedd yn ôl a dweud wrtho i'n hun, "Mae gen i ddigon i bara am flynyddoedd lawer. Dw i'n mynd i ymlacio a mwynhau fy hun yn bwyta ac yn yfed."'

²⁰"Ond dyma Duw yn dweud wrtho, 'Y ffŵl dwl! Heno ydy'r noson rwyt ti'n mynd i farw. Pwy fydd yn cael y cwbl rwyt ti wedi ei gasglu i ti dy hun?'

²¹"Ie, fel yna bydd hi ar bobl sy'n casglu cyfoeth iddyn nhw eu hunain ond sy'n dlawd mewn gwirionedd, am eu bod heb Dduw."

Peidiwch poeni
(Mathew 6:25-34)

²²Yna dyma Iesu'n dweud wrth ei ddisgyblion: "Felly, dyma dw i'n ddweud — peidiwch poeni beth i'w fwyta a beth i'w wisgo. ²³Mae mwy i fywyd na bwyd a dillad. ²⁴Meddyliwch am gigfrain: Dyn nhw ddim yn hau nac yn medi, a does ganddyn nhw ddim ystordy nag ysgubor — ac eto mae Duw'n eu bwydo nhw. Dych chi'n llawer mwy gwerthfawr yn ei olwg nag adar! ²⁵Allwch chi ddim hyd yn oed gwneud eich bywyd eiliad yn hirach* drwy boeni! ²⁶Os allwch chi ddim gwneud peth bach fel yna, beth ydy'r pwynt o boeni am bopeth arall?

²⁷"Meddyliwch sut mae blodau'n tyfu. Dydyn nhw ddim yn gweithio nac yn nyddu. Ac eto, doedd hyd yn oed y Brenin Solomon yn ei ddillad crand ddim yn edrych mor hardd ag un ohonyn nhw. ²⁸Os ydy Duw yn gofalu fel yna am flodau gwyllt (sy'n tyfu heddiw, ond yn cael eu llosgi fel tanwydd fory), mae'n siŵr o ofalu amdanoch chi! Ble mae'ch ffydd chi? ²⁹Felly peidiwch treulio'ch bywyd yn poeni am fwyd a diod! ³⁰Pobl sydd ddim yn credu sy'n poeni am bethau felly. Mae'ch Tad yn gwybod beth sydd ei angen arnoch chi. ³¹Gwnewch yn siŵr mai'r flaenoriaeth i chi ydy ymostwng i deyrnasiad Duw, ac wedyn cewch y pethau eraill yma i gyd.

---

* *eich bywyd eiliad yn hirach:* Neu "eich hun yn dalach".
12:27 1 Brenhinoedd 10:4-7; 2 Cronicl 9:3-6

¹⁴Jesus answered him, "My friend, who gave me the right to judge or to divide the property between you two?" ¹⁵And he went on to say to them all, "Watch out and guard yourselves from every kind of greed; because a person's true life is not made up of the things he owns, no matter how rich he may be."

¹⁶Then Jesus told them this parable: "There was once a rich man who had land which bore good crops. ¹⁷He began to think to himself, 'I haven't anywhere to keep all my crops. What can I do? ¹⁸This is what I will do,' he told himself; 'I will tear down my barns and build bigger ones, where I will store my corn and all my other goods. ¹⁹Then I will say to myself, Lucky man! You have all the good things you need for many years. Take life easy, eat, drink, and enjoy yourself!' ²⁰But God said to him, 'You fool! This very night you will have to give up your life; then who will get all these things you have kept for yourself?'"

²¹And Jesus concluded, "This is how it is with those who pile up riches for themselves but are not rich in God's sight."

Trust in God
(Mt 6.25–34)

²²Then Jesus said to the disciples, "And so I tell you not to worry about the food you need to stay alive or about the clothes you need for your body. ²³Life is much more important than food, and the body much more important than clothes. ²⁴Look at the crows: they don't sow seeds or gather a harvest; they don't have storerooms or barns; God feeds them! You are worth so much more than birds! ²⁵Can any of you live a bit longer* by worrying about it? ²⁶If you can't manage even such a small thing, why worry about the other things? ²⁷Look how the wild flowers grow: they don't work or make clothes for themselves. But I tell you that not even King Solomon with all his wealth had clothes as beautiful as one of these flowers. ²⁸It is God who clothes the wild grass — grass that is here today and gone tomorrow, burnt up in the oven. Won't he be all the more sure to clothe you? How little faith you have!

²⁹"So don't be all upset, always concerned about what you will eat and drink. ³⁰(For the pagans of this world are always concerned about all these things.) Your Father knows that you need these things. ³¹Instead, be concerned with his Kingdom, and he will provide you with these things.

---

* live a bit longer; or grow a bit taller.
12.27: 1 Kgs 10.4–7; 2 Chr 9.3–6

Trysor nefol

(Mathew 6:19-21)

32"Fy mhraidd bach i, peidiwch bod ofn. Mae Duw yn benderfynol o rannu ei deyrnas â chi. 33Gwerthwch eich eiddo a rhoi'r arian i'r tlodion. Gofalwch fod gynnoch chi bwrs sy'n mynd i bara am byth, trysor sydd ddim yn colli ei werth. Dydy lleidr ddim yn gallu dwyn y trysor nefol, na gwyfyn yn gallu ei ddifetha. 34Ble bynnag mae dy drysor di y bydd dy galon di.

Bod yn barod bob amser

(Mathew 24:45-51)

35"Byddwch yn barod bob amser; a cadwch eich lampau yn olau, 36fel petaech yn disgwyl i'r meistr gyrraedd adre o wledd briodas. Pan fydd yn cyrraedd ac yn curo'r drws, byddwch yn gallu agor y drws yn syth. 37Bydd y gweision hynny sy'n effro ac yn disgwyl am y meistr yn cael eu gwobrwyo — wir i chi, bydd y meistr yn mynd ati i weini arnyn nhw, a byddan nhw'n eistedd wrth y bwrdd i fwyta! 38Falle y bydd hi'n oriau mân y bore pan fydd yn cyrraedd, ond bydd y gweision sy'n effro yn cael eu gwobrwyo.

39"Meddyliwch! Petai perchennog y tŷ yn gwybod ymlaen llaw pryd roedd y lleidr yn dod, byddai wedi ei rwystro rhag torri i mewn i'w dŷ! 40Rhaid i chi fod yn barod drwy'r adeg, achos bydda i, Mab y Dyn, yn cyrraedd pan fyddwch chi ddim yn disgwyl!"

Gwas doeth neu ddim?

(Mathew 24:45-51)

41Gofynnodd Pedr, "Ydy'r stori yma i ni yn unig neu i bawb?"

42Atebodd yr Arglwydd, "Pwy ydy'r rheolwr doeth mae'r meistr yn gallu dibynnu arno? Mae wedi ei benodi i fod yn gyfrifol am y gweision i gyd, ac i'w bwydo'n rheolaidd. 43Ac os bydd yn gwneud ei waith yn iawn pan ddaw'r meistr yn ôl, bydd yn cael ei wobrwyo. 44Wir i chi, bydd yn cael y cyfrifoldeb o ofalu am eiddo'r meistr i gyd! 45Ond beth petai'r gwas yn meddwl wrtho'i hun, 'Mae'r meistr yn hir iawn yn cyrraedd,' ac yn mynd ati i gam-drin y gweision a'r morynion eraill, ac i bartïo ac yfed a meddwi? 46Byddai'r meistr yn dod yn ôl yn gwbl ddirybudd, a'i gosbi'n llym a'i daflu allan gyda'r rhai sydd ddim yn credu.

47"Bydd y gwas sy'n gwybod yn iawn beth mae'r meistr eisiau, ond ddim yn mynd ati i wneud hynny, yn cael ei gosbi'n llym. 48Ond os

Riches in Heaven
(Mt 6.19–21)

³²"Do not be afraid, little flock, for your Father is pleased to give you the Kingdom. ³³Sell all your belongings and give the money to the poor. Provide for yourselves purses that don't wear out, and save your riches in heaven, where they will never decrease, because no thief can get to them, and no moth can destroy them. ³⁴For your heart will always be where your riches are.

Watchful Servants

³⁵"Be ready for whatever comes, dressed for action and with your lamps lit, ³⁶like servants who are waiting for their master to come back from a wedding feast. When he comes and knocks, they will open the door for him at once. ³⁷How happy are those servants whose master finds them awake and ready when he returns! I tell you, he will take off his coat, ask them to sit down, and will wait on them. ³⁸How happy they are if he finds them ready, even if he should come at midnight or even later! ³⁹And you can be sure that if the owner of a house knew the time when the thief would come, he would not let the thief break into his house. ⁴⁰And you, too, must be ready, because the Son of Man will come at an hour when you are not expecting him."

The Faithful or the Unfaithful Servant
(Mt 24.45–51)

⁴¹Peter said, "Lord, does this parable apply to us, or do you mean it for everyone?"

⁴²The Lord answered, "Who, then, is the faithful and wise servant? He is the one that his master will put in charge, to run the household and give the other servants their share of the food at the proper time. ⁴³How happy that servant is if his master finds him doing this when he comes home! ⁴⁴Indeed, I tell you, the master will put that servant in charge of all his property. ⁴⁵But if that servant says to himself that his master is taking a long time to come back and if he begins to beat the other servants, both the men and the women, and eats and drinks and gets drunk, ⁴⁶then the master will come back one day when the servant does not expect him and at a time he does not know. The master will cut him in pieces* and make him share the fate of the disobedient.

⁴⁷"The servant who knows what his master wants him to do, but does not get himself ready and do it, will be punished with a heavy

---

* *cut him in pieces; or throw him out.*
12.35: Mt 25.1–13   **12.36:** Mk 13.34–36   **12.39–40:** Mt 24.43–44

dydy'r gwas ddim yn gwybod ei fod wedi gwneud rhywbeth o'i le, bydd y gosb yn ysgafn. Mae disgwyl llawer gan y sawl oedd wedi derbyn llawer; ac mae gofyn llawer mwy yn ôl gan y sawl oedd yn gyfrifol am lawer.

Dim heddwch ond rhwygiadau
(Mathew 10:34-36)

[49]"Dw i wedi dod i gynnau tân ar y ddaear, a byddwn i'n hoffi petai'r gwaith eisoes wedi ei wneud! [50]Ond mae gen i brofiad dychrynllyd i fynd trwyddo, a dw i'n teimlo pwysau dychrynllyd nes bydd y cwbl drosodd! [51]Ydych chi'n meddwl mod i wedi dod i roi heddwch i'r byd? Na, wir i chi! Dim heddwch ond rhwygiadau. [52]Bydd teuluoedd yn cael eu rhwygo, tri yn erbyn a dau o blaid, neu fel arall. [53]Bydd tad yn erbyn ei fab a mab yn erbyn ei dad; mam yn erbyn ei merch a merch yn erbyn ei mam; mam-yng-nghyfraith yn erbyn merch-yng-nghyfraith a merch-yng-nghyfraith yn erbyn mam-yng-nghyfraith!"

Deall yr amserau
(Mathew 16:2-3)

[54]Yna dyma Iesu'n troi at y dyrfa a dweud: "Os gwelwch chi gwmwl yn codi yn y gorllewin, 'Mae'n mynd i lawio,' meddech chi ar unwaith, ac mae hi yn glawio. [55]Neu pan fydd gwynt y de yn chwythu, dych chi'n dweud, 'Mae'n mynd i fod yn boeth,' a dych chi'n iawn. [56]Am ragrithwyr! Dych chi'n gwybod sut i ddehongli arwyddion y tywydd. Pam allwch chi ddim dehongli beth sy'n digwydd nawr?

Setlo mater cyn mynd i'r llys
(Mathew 5:25-26)

[57]"Pam allwch chi ddim penderfynu beth sy'n iawn? [58]Os ydy rhywun yn mynd â ti i'r llys, gwna dy orau i gymodi cyn cyrraedd yno. Ydy'n well gen ti gael dy lusgo o flaen y barnwr, a'r barnwr yn gorchymyn i swyddog dy daflu di yn y carchar? [59]Wir i ti, chei di ddim dy ryddhau nes byddi wedi talu pob ceiniog."

Troi at Dduw neu gael eich dinistrio

13 Dyma bobl yn dod a dweud wrth Iesu fod Peilat wedi lladd rhyw bobl o Galilea pan oedden nhw wrthi'n aberthu i Dduw. [2]"Ydych chi'n meddwl fod y Galileaid yna yn bechaduriaid

whipping. [48]But the servant who does not know what his master wants, and yet does something for which he deserves a whipping, will be punished with a light whipping. Much is required from the person to whom much is given; much more is required from the person to whom much more is given.

Jesus the Cause of Division
(Mt 10.34–36)

[49]"I came to set the earth on fire, and how I wish it were already kindled! [50]I have a baptism to receive, and how distressed I am until it is over! [51]Do you suppose that I came to bring peace to the world? No, not peace, but division. [52]From now on a family of five will be divided, three against two and two against three. [53]Fathers will be against their sons, and sons against their fathers; mothers will be against their daughters, and daughters against their mothers; mothers-in-law will be against their daughters-in-law, and daughters-in-law against their mothers-in-law."

Understanding the Time
(Mt 16.2–3)

[54]Jesus said also to the people, "When you see a cloud coming up in the west, at once you say that it is going to rain — and it does. [55]And when you feel the south wind blowing, you say that it is going to get hot — and it does. [56]Hypocrites! You can look at the earth and the sky and predict the weather; why, then, don't you know the meaning of this present time?

Settle with your Opponent
(Mt 5.25–26)

[57]"Why do you not judge for yourselves the right thing to do? [58]If someone brings a lawsuit against you and takes you to court, do your best to settle the dispute with them before you get to court. If you don't, they will drag you before the judge, who will hand you over to the police, and you will be put in jail. [59]There you will stay, I tell you, until you pay the last penny of your fine."

Turn from your Sins or Die

13 At that time some people were there who told Jesus about the Galileans whom Pilate had killed while they were offering sacrifices to God. [2]Jesus answered them, "Because those

---

12.50: Mk 10.38   12.53: Mic 7.6

gwaeth na phobl eraill Galilea? Ai dyna pam wnaethon nhw ddioddef?" ³"Nage! dim o gwbl! Cewch chithau hefyd eich dinistrio os fyddwch chi ddim yn newid eich ffyrdd a throi at Dduw!" ⁴"Neu beth am y bobl yna gafodd eu lladd pan syrthiodd tŵr Siloam ar eu pennau? — un deg wyth ohonyn nhw! Ydych chi'n meddwl eu bod nhw'n waeth na phawb arall oedd yn byw yn Jerwsalem?" ⁵"Nac oedden! Dim o gwbl! Ond byddwch chithau hefyd yn cael eich dinistrio os fyddwch chi ddim yn troi at Dduw!"

Stori y goeden ffigys ddiffrwyth

⁶Yna dwedodd y stori yma: "Roedd rhyw ddyn wedi plannu coeden ffigys yn ei winllan. Bu'n disgwyl a disgwyl i rywbeth dyfu arni, ond chafodd e ddim byd. ⁷Felly dyma'r dyn yn dweud wrth y gwas oedd yn gweithio fel garddwr iddo, 'Dw i wedi bod yn disgwyl i ffrwyth dyfu ar y goeden ffigys yma ers tair blynedd, ac wedi cael dim. Torra hi i lawr, mae hi'n wastraff o dir da.'

⁸"'Ond syr,' meddai'r garddwr, 'gad hi am flwyddyn arall, i mi balu o'i chwmpas hi a rhoi digon o wrtaith iddi. ⁹Wedyn os bydd ffrwyth yn tyfu arni, gwych! Ond os bydd dim ffrwyth eto, yna torrwn hi i lawr.'"

Gwraig anabl yn cael ei hiacháu ar y Saboth

¹⁰Roedd Iesu'n dysgu yn un o'r synagogau ryw Saboth, ¹¹ac roedd gwraig yno oedd ag ysbryd drwg wedi ei gwneud hi'n anabl ers un deg wyth mlynedd. Roedd ei chefn wedi crymu nes ei bod yn methu sefyll yn syth o gwbl. ¹²Dyma Iesu'n ei gweld hi ac yn ei galw draw ato. "Wraig annwyl," meddai wrthi "rwyt ti'n mynd i gael dy iacháu o dy wendid." ¹³Yna rhoddodd ei ddwylo arni, a dyma ei chefn yn sythu yn y fan a'r lle. A dechreuodd foli Duw.

¹⁴Ond roedd arweinydd y synagog wedi gwylltio am fod Iesu wedi iacháu ar y Saboth. Cododd a dweud wrth y bobl oedd yno, "Mae yna chwe diwrnod i weithio. Dewch i gael eich iacháu y dyddiau hynny, dim ar y Saboth!"

¹⁵Ond meddai'r Arglwydd wrtho, "Rwyt ti mor ddauwynebog! Dych chi i gyd yn gollwng ychen ac asyn yn rhydd ar y Saboth, ac yn eu harwain at ddŵr! ¹⁶Dyma i chi un o blant Abraham — gwraig wedi ei rhwymo gan Satan ers un deg wyth mlynedd! Onid ydy'n iawn iddi hi hefyd gael ei gollwng yn rhydd ar y Saboth?"

¹⁷Roedd ei eiriau yn codi cywilydd ar ei wrthwynebwyr i gyd. Ond roedd y bobl gyffredin wrth eu bodd gyda'r holl bethau gwych roedd yn eu gwneud.

13:14 gw. Exodus 20:9,10; Deuteronomium 5:13,14

Galileans were killed in that way, do you think it proves that they were worse sinners than all the other Galileans? ³No indeed! And I tell you that if you do not turn from your sins, you will all die as they did. ⁴What about those eighteen people in Siloam who were killed when the tower fell on them? Do you suppose this proves that they were worse than all the other people living in Jerusalem? ⁵No indeed! And I tell you that if you do not turn from your sins, you will all die as they did."

The Parable of the Unfruitful Fig Tree

⁶Then Jesus told them this parable: "There was once a man who had a fig tree growing in his vineyard. He went looking for figs on it but found none. ⁷So he said to his gardener, 'Look, for three years I have been coming here looking for figs on this fig tree, and I haven't found any. Cut it down! Why should it go on using up the soil?' ⁸But the gardener answered, 'Leave it alone, sir, just one more year; I will dig round it and put in some manure. ⁹Then if the tree bears figs next year, so much the better; if not, then you can have it cut down.'"

Jesus Heals a Crippled Woman on the Sabbath

¹⁰One Sabbath Jesus was teaching in a synagogue. ¹¹A woman there had an evil spirit that had made her ill for eighteen years; she was bent over and could not straighten up at all. ¹²When Jesus saw her, he called out to her, "Woman, you are free from your illness!" ¹³He placed his hands on her, and at once she straightened herself up and praised God.

¹⁴The official of the synagogue was angry that Jesus had healed on the Sabbath, so he spoke up and said to the people, "There are six days in which we should work; so come during those days and be healed, but not on the Sabbath!"

¹⁵The Lord answered him, "You hypocrites! Any one of you would untie your ox or your donkey from the stall and take it out to give it water on the Sabbath. ¹⁶Now here is this descendant of Abraham whom Satan has kept bound up for eighteen years; should she not be released on the Sabbath?" ¹⁷His answer made his enemies ashamed of themselves, while the people rejoiced over all the wonderful things that he did.

13.14: Ex 20.9–10; Deut 5.13–14

Stori'r hedyn mwstard a stori'r burum
(Mathew 13:31-32; Marc 4:30-32)

[18]Gofynnodd Iesu, "Sut beth ydy teyrnasiad Duw? Sut alla i ei ddisgrifio? [19]Mae fel hedyn mwstard yn cael ei blannu gan rywun yn ei ardd. Tyfodd yn goeden, a daeth yr adar i nythu yn ei changhennau!"

Stori'r burum
(Mathew 13:33)

[20]A gofynnodd eto, "Sut beth ydy teyrnasiad Duw? [21]Mae fel burum. Mae gwraig yn ei gymryd ac yn ei gymysgu gyda digonedd o flawd nes iddo ledu drwy'r toes i gyd."

Y drws cul
(Mathew 7:13-14,21-23)

[22]Ar ei ffordd i Jerwsalem roedd Iesu'n galw yn y trefi a'r pentrefi i gyd ac yn dysgu'r bobl. [23]Dyma rywun yn gofyn iddo, "Arglwydd, ai dim ond ychydig bach o bobl sy'n mynd i gael eu hachub?" Dyma'i ateb: [24]"Gwnewch eich gorau glas i gael mynd drwy'r drws cul. Wir i chi, bydd llawer yn ceisio mynd i mewn ond yn methu. [25]Pan fydd perchennog y tŷ wedi codi i gau'r drws, bydd hi'n rhy hwyr. Byddwch chi'n sefyll y tu allan yn curo ac yn pledio, 'Syr, agor y drws i ni.' Ond bydd yn ateb, 'Dw i ddim yn gwybod pwy ydych chi.' [26]Byddwch chithau'n dweud, 'Buon ni'n bwyta ac yn yfed gyda ti. Roeddet ti'n dysgu ar ein strydoedd ni.' [27]A bydd e'n ateb eto, 'Dw i ddim yn eich nabod chi. Ewch o ma! Pobl ddrwg ydych chi i gyd!'

[28]"Byddwch chi'n wylo'n chwerw ac mewn artaith, wrth weld Abraham, Isaac a Jacob a'r holl broffwydi yn nheyrnas Dduw, a chi'ch hunain wedi eich taflu allan. [29]Bydd pobl yn dod o bob rhan o'r byd i wledda pan ddaw Duw i deyrnasu. [30]Yn wir bydd y rhai sydd yn y cefn yn cael bod ar y blaen, a'r rhai sydd ar y blaen yn cael eu hunain yn y cefn."

Cariad Iesu at Jerwsalem
(Mathew 23:37-39)

[31]Yna daeth rhyw Phariseaid at Iesu a dweud wrtho, "Rhaid i ti ddianc o ma. Mae Herod* Antipas eisiau dy ladd di."

[32]Atebodd Iesu, "Ewch i ddweud wrth y llwynog, 'Bydda i'n bwrw cythreuliaid allan ac yn iacháu pobl heddiw a fory, a'r diwrnod wedyn bydda i wedi cyrraedd lle dw i'n mynd.' [33]Mae'n rhaid i mi ddal i fynd

---

* *Herod:* Herod Antipas, mab Herod Fawr.

The Parable of the Mustard Seed
(Mt 13.31–32; Mk 4.30–32)

18Jesus asked, "What is the Kingdom of God like? What shall I compare it with? 19It is like this. A man takes a mustard seed and sows it in his field. The plant grows and becomes a tree, and the birds make their nests in its branches."

The Parable of the Yeast
(Mt 13.33)

20Again Jesus asked, "What shall I compare the Kingdom of God with? 21It is like this. A woman takes some yeast and mixes it with forty litres of flour until the whole batch of dough rises."

The Narrow Door
(Mt 7.13–14, 21–23)

22Jesus went through towns and villages, teaching the people and making his way towards Jerusalem. 23Someone asked him, "Sir, will just a few people be saved?"

Jesus answered them, 24"Do your best to go in through the narrow door; because many people will surely try to go in but will not be able. 25The master of the house will get up and close the door; then when you stand outside and begin to knock on the door and say, 'Open the door for us, sir!' he will answer you, 'I don't know where you come from!' 26Then you will answer, 'We ate and drank with you; you taught in our town!' 27But he will say again, 'I don't know where you come from. Get away from me, all you wicked people!' 28How you will cry and grind your teeth when you see Abraham, Isaac, and Jacob, and all the prophets in the Kingdom of God, while you are thrown out! 29People will come from the east and the west, from the north and the south, and sit down at the feast in the Kingdom of God. 30Then those who are now last will be first, and those who are now first will be last."

Jesus' Love for Jerusalem
(Mt 23.37–39)

31At that same time some Pharisees came to Jesus and said to him, "You must get out of here and go somewhere else, because Herod wants to kill you."

32Jesus answered them, "Go and tell that fox: 'I am driving out demons and performing cures today and tomorrow, and on the third day I shall finish my work.' 33Yet I must be on my way today,

13.27: Ps 6.8   13.28: Mt 22.13; 25.30   13.28–29: Mt 8.11–12
13.30: Mt 19.30; 20.16; Mk 10.31

am dri diwrnod arall — does dim un proffwyd yn marw y tu allan i Jerwsalem!

[34]"O! Jerwsalem, Jerwsalem! Y ddinas sy'n lladd y proffwydi ac yn llabyddio'r negeswyr mae Duw'n eu hanfon ati. Mor aml dw i wedi hiraethu am gael casglu dy blant at ei gilydd, fel mae iâr yn casglu ei chywion dan ei hadenydd — ond doedd gen ti ddim diddordeb! [35]Edrych! Mae Duw wedi gadael dy deml. Dw i'n dweud hyn — fyddi di ddim yn fy ngweld i eto nes byddi'n dweud, *'Mae'r un sy'n dod i gynrychioli'r Arglwydd wedi ei fendithio'n fawr!'* "

Iesu yng nghartre un o'r Phariseaid

14 Un Saboth, roedd Iesu wedi mynd am bryd o fwyd i gartref un o arweinwyr y Phariseaid. Roedd pawb yno'n ei wylio'n ofalus, [2]am fod dyn o'i flaen oedd a'i freichiau a'i goesau wedi chwyddo'n fawr am fod y dropsi arno.

[3]Gofynnodd Iesu i'r Phariseaid a'r arbenigwyr yn y Gyfraith, "Ydy'n iawn yn ôl y Gyfraith i iacháu ar y Saboth neu ddim?" [4]Ond wnaethon nhw ddim ateb. Felly dyma Iesu'n rhoi ei ddwylo ar y dyn, a'i iacháu ac yna ei anfon i ffwrdd.

[5]Wedyn gofynnodd iddyn nhw, "Petai plentyn neu ychen un ohonoch chi yn syrthio i mewn i bydew ar y Saboth, fyddech chi ddim yn mynd i'w dynnu allan ar unwaith?" [6]Doedd ganddyn nhw ddim ateb.

Gostyngeiddrwydd a Lletygarwch

[7]Yna sylwodd Iesu hefyd fod y gwesteion i gyd yn ceisio cael y lleoedd gorau wrth y bwrdd. A dwedodd fel hyn wrthyn nhw: [8]"Pan wyt ti'n cael gwahoddiad i wledd briodas, paid bachu'r sedd orau wrth y bwrdd. Falle fod rhywun pwysicach na ti wedi cael gwahoddiad. [9]Wedyn byddai'n rhaid i'r sawl wnaeth dy wahodd di ofyn i ti symud — 'Wnei di symud, i'r person yma gael eistedd.' Am embaras! Gorfod symud i eistedd yn y sedd leia pwysig! [10]Mae'n llawer gwell i ti fynd ac eistedd yn y sedd honno, wedyn pan fydd y sawl roddodd wahoddiad i ti'n cyrraedd, bydd yn dweud, 'Ffrind annwyl, tyrd yn nes, mae hon yn sedd well.' Byddi di'n cael dy anrhydeddu yn lle cael dy gywilyddio o flaen y gwesteion eraill. [11]Bydd Duw yn torri crib pobl falch, ac yn anrhydeddu'r rhai gostyngedig."

[12]Wedyn dyma Iesu'n dweud hyn wrth y dyn oedd wedi ei wahodd i'r pryd bwyd, "Pan fyddi'n gwahodd pobl am bryd o fwyd, paid gwahodd dy ffrindiau, dy frodyr a dy chwiorydd, dy berthnasau, neu dy gymdogion cyfoethog. Mae'n bosib i bobl felly roi gwahoddiad yn

tomorrow, and the next day; it is not right for a prophet to be killed anywhere except in Jerusalem.

34"Jerusalem, Jerusalem! You kill the prophets, you stone the messengers God has sent you! How many times have I wanted to put my arms round all your people, just as a hen gathers her chicks under her wings, but you would not let me! 35And so your Temple will be abandoned. I assure you that you will not see me until the time comes when you say, 'God bless him who comes in the name of the Lord.'"

Jesus Heals a Sick Man

14 One Sabbath Jesus went to eat a meal at the home of one of the leading Pharisees; and people were watching Jesus closely. 2A man whose legs and arms were swollen came to Jesus, 3and Jesus asked the teachers of the Law and the Pharisees, "Does our Law allow healing on the Sabbath or not?"

4But they would not say anything. Jesus took the man, healed him, and sent him away. 5Then he said to them, "If any one of you had a son or an ox that happened to fall in a well on a Sabbath, would you not pull them out at once on the Sabbath itself?"

6But they were not able to answer him about this.

Humility and Hospitality

7Jesus noticed how some of the guests were choosing the best places, so he told this parable to all of them: 8"When someone invites you to a wedding feast, do not sit down in the best place. It could happen that someone more important than you has been invited, 9and your host, who invited both of you, would have to come and say to you, 'Let him have this place.' Then you would be embarrassed and have to sit in the lowest place. 10Instead, when you are invited, go and sit in the lowest place, so that your host will come to you and say, 'Come on up, my friend, to a better place.' This will bring you honour in the presence of all the other guests. 11For all those who make themselves great will be humbled, and those who humble themselves will be made great."

12Then Jesus said to his host, "When you give a lunch or a dinner, do not invite your friends or your brothers or your relatives or your rich neighbours — for they will invite you back, and in this way

---

13.35: Ps 118.26; Jer 22.5   **14.5:** Mt 12.11   **14.8–10:** Prov 25.6–7   **14.11:** Mt 23.12; Lk 18.14

ôl i ti, ac wedyn byddi di wedi derbyn dy dâl. [13]Dyma beth ddylet ti ei wneud: Pan fyddi di'n trefnu gwledd, rho wahoddiad i bobl dlawd, methedig, cloff a dall, [14]a byddi di'n cael dy fendithio. Dydyn nhw ddim yn gallu talu'n ôl i ti, ond byddi'n cael dy dâl pan fydd y rhai sydd â pherthynas iawn gyda Duw yn codi yn ôl yn fyw."

Stori'r wledd fawr

(Mathew 22:1-10)

[15]Clywodd un o'r bobl oedd yn eistedd wrth y bwrdd hyn, a dwedodd wrth Iesu, "Mae'r rhai fydd yn cael bwyta yn y wledd pan ddaw Duw i deyrnasu wedi eu bendithio'n fawr!"

[16]Atebodd Iesu: "Roedd rhyw ddyn wedi trefnu gwledd fawr a gwahodd llawer o bobl iddi. [17]Pan oedd popeth yn barod, anfonodd ei was i ddweud wrth y rhai oedd wedi cael gwahoddiad, 'Dewch, mae'r wledd yn barod.'

[18]"Ond dyma bob un ohonyn nhw yn dechrau hel esgusion. Dyma un yn dweud, 'Dw i newydd brynu ychydig o dir, ac mae'n rhaid i mi fynd i'w weld. Wnei di f'esgusodi fi os gweli di'n dda?'

[19]"Dyma un arall yn dweud, 'Dw i newydd brynu pum pâr o ychen, a dw i'n mynd i roi prawf arnyn nhw. Wnei di f'esgusodi fi os gweli di'n dda?'

[20]"A dyma un arall eto yn dweud, 'Dw i newydd briodi, felly alla i ddim dod.'

[21]"Felly dyma'r gwas yn mynd yn ôl a dweud wrth ei feistr beth oedd wedi digwydd. Roedd y meistr wedi gwylltio, ac meddai wrth y gwas, 'Dos i'r dre ar unwaith, a thyrd â'r bobl sy'n cardota ar y strydoedd i mewn yma — y tlawd, y methedig, pobl sy'n gloff ac yn ddall.'

[22]"Pan ddaeth y gwas yn ôl dwedodd wrth ei feistr, 'Syr, dw i wedi gwneud beth ddwedaist ti, ond mae yna fwy o le ar ôl o hyd.'

[23]"Felly dyma'r meistr yn dweud, 'Dos allan o'r ddinas, i'r ffyrdd a'r lonydd yng nghefn gwlad. Perswadia'r bobl sydd yno i ddod. Dw i eisiau i'r tŷ fod yn llawn. [24]Fydd yna ddim lle i neb o'r bobl hynny gafodd eu gwahodd! Fyddan nhw ddim yn cael tamaid o'r wledd dw i wedi ei threfnu.' "

Cost bod yn ddisgybl

(Mathew 10:37,38)

[25]Roedd tyrfa fawr o bobl yn teithio gyda Iesu, a dyma fe'n troi atyn nhw a dweud: [26]"Os ydy rhywun am fy nilyn i, rhaid i mi ddod o flaen popeth arall yn ei fywyd. Rhaid i'w gariad ata i wneud i bob perthynas arall edrych fel casineb! — ei dad a'i fam, ei wraig a'i blant, ei frodyr a'i chwiorydd — ie, hyd yn oed bywyd ei hun!

you will be paid for what you did. [13]When you give a feast, invite
the poor, the crippled, the lame, and the blind; [14]and you will be
blessed, because they are not able to pay you back. God will repay
you on the day the good people rise from death."

The Parable of the Great Feast
(Mt 22.1–10)

[15]When one of the men sitting at table heard this, he said to Jesus,
"How happy are those who will sit down at the feast in the Kingdom
of God!"

[16]Jesus said to him, "There was once a man who was giving
a great feast to which he invited many people. [17]When it was time
for the feast, he sent his servant to tell his guests, 'Come, everything
is ready!' [18]But they all began, one after another, to make excuses.
The first one told the servant, 'I have bought a field and must go and
look at it; please accept my apologies.' [19]Another one said, 'I have
bought five pairs of oxen and am on my way to try them out; please
accept my apologies.' [20]Another one said, 'I have just got married,
and for that reason I cannot come.'

[21]"The servant went back and told all this to his master. The
master was furious and said to his servant, 'Hurry out to the streets
and alleys of the town, and bring back the poor, the crippled, the
blind, and the lame.' [22]Soon the servant said, 'Your order has been
carried out, sir, but there is room for more.' [23]So the master said
to the servant, 'Go out to the country roads and lanes and make
people come in, so that my house will be full. [24]I tell you all that
none of those who were invited will taste my dinner!'"

The Cost of Being a Disciple
(Mt 10.37–38)

[25]Once when large crowds of people were going along with Jesus,
he turned and said to them, [26]"Those who come to me cannot be
my disciples unless they love me more than they love father and
mother, wife and children, brothers and sisters, and themselves as

Neu all e ddim bod yn ddisgybl i mi. [27]A does neb yn gallu bod yn ddisgybl i mi chwaith heb gario ei groes a cherdded yr un llwybr o hunanaberth.

[28]"Does neb yn mynd ati i adeiladu adeilad mawr heb eistedd i lawr yn gyntaf i amcangyfri'r gost a gwneud yn siŵr fod ganddo ddigon o arian i orffen y gwaith. [29]Does dim pwynt iddo fynd ati i osod y sylfeini ac wedyn darganfod ei fod yn methu ei orffen. Byddai pawb yn gwneud hwyl ar ei ben, [30]ac yn dweud 'Edrychwch, dyna'r dyn ddechreuodd y gwaith ar yr adeilad acw a methu ei orffen!'

[31]"A dydy brenin ddim yn mynd i ryfel heb eistedd gyda'i gynghorwyr yn gyntaf, ac ystyried ydy hi'n bosib i'w fyddin o ddeg mil o filwyr drechu'r fyddin o ugain mil sy'n ymosod arno. [32]Os ydy'r peth yn amhosib bydd yn anfon swyddogion i geisio cytuno ar delerau heddwch — a hynny pan fydd byddin y gelyn yn dal yn bell i ffwrdd! [33]Dych chi yn yr un sefyllfa. All neb fod yn ddisgybl i mi heb roi heibio popeth arall er mwyn fy nilyn i.

Halen

(Mathew 5:13; Marc 9:50)

[34]"Mae halen yn ddefnyddiol, ond pan mae'n colli ei flas pa obaith sydd i'w wneud yn hallt eto? [35]Dydy e'n gwneud dim lles i'r pridd nac i'r domen dail; rhaid ei daflu i ffwrdd.

"Gwrandwch yn ofalus os dych chi'n awyddus i ddysgu!"

Stori am ddafad aeth ar goll

(Mathew 18:12-14)

15 Roedd y dynion oedd yn casglu trethi i Rufain a phobl eraill oedd yn cael eu hystyried yn 'bechaduriaid' yn casglu o gwmpas Iesu i wrando arno. [2]Ond roedd y Phariseaid a'r arbenigwyr yn y Gyfraith yn cwyno a mwmblan, "Mae'r dyn yma'n rhoi croeso i bobl sy'n 'bechaduriaid'! Mae hyd yn oed yn bwyta gyda nhw!"

[3]Felly dyma Iesu'n dweud y stori yma wrthyn nhw: [4]"Dychmygwch fod gan un ohonoch chi gant o ddefaid, a bod un ohonyn nhw wedi mynd ar goll. Oni fyddai'n gadael y naw deg naw ar y tir agored ac yn mynd i chwilio am y ddafad aeth ar goll nes dod o hyd iddi? [5]A phan mae'n dod o hyd iddi mae mor llawen! Mae'n ei chodi ar ei ysgwyddau [6]ac yn mynd adre. Wedyn mae'n galw ei ffrindiau a'i gymdogion draw, ac yn dweud wrthyn nhw, 'Dewch i ddathlu; dw i wedi dod o hyd i'r ddafad oedd wedi mynd ar goll.' [7]Wir i chi, dyna sut mae hi yn y nefoedd — mae mwy o ddathlu am fod un pechadur wedi troi at Dduw nag am naw deg naw o bobl sy'n meddwl eu bod nhw'n iawn a dim angen newid!

well. ²⁷Those who do not carry their own cross and come after me cannot be my disciples.

²⁸"If one of you is planning to build a tower, you sit down first and work out what it will cost, to see if you have enough money to finish the job. ²⁹If you don't, you will not be able to finish the tower after laying the foundation; and all who see what happened will laugh at you. ³⁰'This man began to build but can't finish the job!' they will say.

³¹"If a king goes out with 10,000 men to fight another king who comes against him with 20,000 men, he will sit down first and decide if he is strong enough to face that other king. ³²If he isn't, he will send messengers to meet the other king, to ask for terms of peace while he is still a long way off. ³³In the same way," concluded Jesus, "none of you can be my disciple unless you give up everything you have.

Worthless Salt
(Mt 5.13; Mk 9.50)
³⁴"Salt is good, but if it loses its saltiness, there is no way to make it salty again. ³⁵It is no good for the soil or for the manure heap; it is thrown away. Listen, then, if you have ears!"

The Lost Sheep
(Mt 18.12–14)
15 One day when many tax collectors and other outcasts came to listen to Jesus, ²the Pharisees and the teachers of the Law started grumbling, "This man welcomes outcasts and even eats with them!" ³So Jesus told them this parable:

⁴"Suppose one of you has a hundred sheep and loses one of them — what do you do? You leave the other 99 sheep in the pasture and go looking for the one that got lost until you find it. ⁵When you find it, you are so happy that you put it on your shoulders ⁶and carry it back home. Then you call your friends and neighbours together and say to them, 'I am so happy I found my lost sheep. Let us celebrate!' ⁷In the same way, I tell you, there will be more joy in heaven over one sinner who repents than over 99 respectable people who do not need to repent.

14.27: Mt 10.38; 16.24; Mk 8.34; Lk 9.23   **15.1–2:** Lk 5.29–30

Stori'r darn arian oedd ar goll

[8]"Neu petai gan ryw wraig ddeg darn arian, ac yn colli un ohonyn nhw. Byddai hi'n cynnau lamp ac yn mynd ati i lanhau'r tŷ i gyd, a chwilio ym mhob twll a chornel am y darn arian nes iddi ddod o hyd iddo. [9]Pan mae'n dod o hyd iddo, mae'n galw ei ffrindiau a'i chymdogion draw, ac yn dweud wrthyn nhw, 'Dewch i ddathlu; dw i wedi dod o hyd i'r darn arian oedd wedi mynd ar goll.' [10]Wir i chi, dyna sut mae Duw yn dathlu o flaen ei angylion pan mae un pechadur yn troi ato!"

Stori'r mab wnaeth wrthryfela

[11]Aeth Iesu yn ei flaen i ddweud stori arall: "Roedd rhyw ddyn a dau fab ganddo. [12]Dyma'r mab ifancaf yn mynd at ei dad a dweud, 'Dad, dw i eisiau i ti roi fy siâr i o'r ystâd i mi nawr.' Felly dyma'r tad yn cytuno i rannu popeth oedd ganddo rhwng y ddau fab.

[13]"Yn fuan wedyn, dyma'r mab ifancaf yn gwerthu'r cwbl lot, gadael cartref a theithio i wlad bell. Yno gwastraffodd ei arian i gyd ar fywyd gwyllt. [14]Ar ôl iddo golli'r cwbl bu newyn difrifol drwy'r wlad, ac roedd yn dechrau llwgu. [15]Llwyddodd i berswadio rhywun i roi gwaith iddo, a chafodd ei anfon allan i'r caeau i ofalu am foch. [16]Aeth pethau mor ddrwg nes ei fod yn cael ei demtio i fwyta peth o'r bwyd moch! Doedd neb yn rhoi dim arall iddo.

[17]"Calliodd o'r diwedd, ac meddai 'Beth dw i'n ei wneud yn y fan yma yn llwgu i farwolaeth? Mae dad yn cyflogi gweithwyr, ac mae ganddyn nhw ddigonedd o fwyd. [18]Af i adre at dad, a dweud wrtho: Dad, dw i wedi pechu yn erbyn Duw ac yn dy erbyn di. [19]Dw i ddim yn haeddu cael fy ngalw'n fab i ti ddim mwy. Gad i mi fod yn un o'r gweithwyr sy'n cael eu cyflogi gen ti.' [20]Felly i ffwrdd ag e yn ôl adre.

"Gwelodd ei dad e'n dod pan oedd yn dal yn bell i ffwrdd. Roedd ei dad wedi cynhyrfu, a rhedodd at ei fab, a'i gofleidio a'i gusanu.

[21]"A dyma'r mab yn dweud wrtho, 'Dad, dw i wedi pechu yn erbyn Duw ac yn dy erbyn di. Dw i ddim yn haeddu cael fy ngalw'n fab i ti ddim mwy.' [22]Meddai'r tad wrth y gweision, 'Brysiwch! Ewch i nôl mantell iddo ei gwisgo — yr un orau! Rhowch fodrwy ar ei fys a sandalau ar ei draed. [23]Yna ewch i ladd y llo sydd wedi cael ei besgi, i ni gael parti! [24]Roedd fy mab i wedi marw, ond mae wedi dod yn ôl yn fyw; roedd e ar goll, ond dŷn ni wedi ei gael yn ôl.' Felly dyma'r parti'n dechrau.

[25]"Tra oedd hyn i gyd yn digwydd roedd y mab hynaf allan yn gweithio yn y caeau. Wrth ddod yn ôl at y tŷ roedd yn clywed sŵn cerddoriaeth a dawnsio. [26]Galwodd fachgen ifanc ato, a gofyn iddo beth oedd yn digwydd. [27]'Mae dy frawd yma!' meddai hwnnw, 'Mae

The Lost Coin

8"Or suppose a woman who has ten silver coins loses one of them — what does she do? She lights a lamp, sweeps her house, and looks carefully everywhere until she finds it. 9When she finds it, she calls her friends and neighbours together, and says to them, 'I am so happy I found the coin I lost. Let us celebrate!' 10In the same way, I tell you, the angels of God rejoice over one sinner who repents."

The Lost Son

11Jesus went on to say, "There was once a man who had two sons. 12The younger one said to him, 'Father, give me my share of the property now.' So the man divided his property between his two sons. 13After a few days the younger son sold his part of the property and left home with the money. He went to a country far away, where he wasted his money in reckless living. 14He spent everything he had. Then a severe famine spread over that country, and he was left without a thing. 15So he went to work for one of the citizens of that country, who sent him out to his farm to take care of the pigs. 16He wished he could fill himself with the bean pods the pigs ate, but no one gave him anything to eat. 17At last he came to his senses and said, 'All my father's hired workers have more than they can eat, and here I am about to starve! 18I will get up and go to my father and say, Father, I have sinned against God and against you. 19I am no longer fit to be called your son; treat me as one of your hired workers.' 20So he got up and started back to his father.

"He was still a long way from home when his father saw him; his heart was filled with pity, and he ran, threw his arms round his son, and kissed him. 21'Father,' the son said, 'I have sinned against God and against you. I am no longer fit to be called your son.' 22But the father called his servants. 'Hurry!' he said. 'Bring the best robe and put it on him. Put a ring on his finger and shoes on his feet. 23Then go and get the prize calf and kill it, and let us celebrate with a feast! 24For this son of mine was dead, but now he is alive; he was lost, but now he has been found.' And so the feasting began.

25"In the meantime the elder son was out in the field. On his way back, when he came close to the house, he heard the music and dancing. 26So he called one of the servants and asked him, 'What's going on?' 27'Your brother has come back home,' the servant

dy dad wedi lladd y llo oedd wedi ei besgi i ddathlu ei fod wedi ei gael yn ôl yn saff.'

[28]"Ond dyma'r mab hynaf yn digio, a gwrthod mynd i mewn. Felly dyma'i dad yn dod allan a chrefu arno i fynd i mewn. [29]Ond meddai wrth ei dad, 'Edrych! Dw i wedi slafio ar hyd y blynyddoedd yma, heb erioed wrthod gwneud unrhyw beth i ti. Ches i erioed fyn gafr gen ti i gael parti gyda fy ffrindiau! [30]Ond dyma hwn yn dod adre — y mab yma sydd gen ti — yr un sydd wedi gwastraffu dy arian di i gyd ar buteiniaid. O! mae'n rhaid i ti ladd y llo sydd wedi ei besgi i hwn!'

[31]"'Machgen i,' meddai'r tad wrtho, 'rwyt ti yma bob amser, a ti sydd biau popeth sydd gen i ar ôl. [32]Ond roedd rhaid i ni ddathlu — roedd dy frawd wedi marw, ond mae wedi dod yn ôl yn fyw; roedd e ar goll, ond dyn ni wedi ei gael yn ôl!'"

Stori y fforman craff

16 Dyma Iesu'n dweud y stori yma wrth ei ddisgyblion: "Roedd rhyw ddyn cyfoethog yn cyflogi fforman, ac wedi clywed sibrydion ei fod yn gwastraffu ei eiddo. [2]Felly dyma'r dyn yn galw'r fforman i'w weld, a gofyn iddo, 'Beth ydy hyn dw i'n ei glywed amdanat ti? Dw i eisiau gweld y llyfrau cyfrifon. Os ydy'r stori'n wir, cei di'r sac.'

[3]"'Beth dw i'n mynd i wneud?' meddyliodd y fforman. 'Dw i'n mynd i golli fy job. Dw i ddim yn ddigon cryf i fod yn labrwr, a fyddwn i byth yn gallu cardota. [4]Dw i'n gwybod! Dw i'n mynd i wneud rhywbeth fydd yn rhoi digon o ffrindiau i mi, wedyn pan fydda i allan o waith bydd digon o bobl yn rhoi croeso i mi yn eu cartrefi.'

[5]"A dyma beth wnaeth — cysylltodd â phob un o'r bobl oedd mewn dyled i'w feistr. Gofynnodd i'r cyntaf, 'Faint o ddyled sydd arnat ti i'm meistr i?'

[6]"'Wyth can galwyn o olew olewydd,' meddai.

"Yna meddai'r fforman, 'Tafla'r bil i ffwrdd. Gad i ni ddweud mai pedwar cant oedd e.'

[7]"Yna gofynnodd i un arall, 'Faint ydy dy ddyled di?'

"'Can erw o wenith,' atebodd.

"'Tafla'r bil i ffwrdd,' meddai'r fforman. 'Dwedwn ni wyth deg.'

[8]"Roedd rhaid i'r meistr edmygu'r fforman am fod mor graff, er ei fod yn anonest. Ac mae'n wir fod pobl y byd yn fwy craff wrth drin pobl eraill na phobl y golau. [9]Dw i'n dweud wrthoch chi, gwnewch ffrindiau trwy ddefnyddio'ch arian er lles pobl eraill. Pan fydd gynnoch chi ddim ar ôl, bydd croeso i chi yn y nefoedd.

[10]"Os gellir eich trystio chi gyda pethau bach, gellir eich trystio chi gyda pethau mawr. Ond os ydych chi'n twyllo gyda phethau bach,

answered, 'and your father has killed the prize calf, because he got him back safe and sound.'

²⁸"The elder brother was so angry that he would not go into the house; so his father came out and begged him to come in. ²⁹But he answered his father, 'Look, all these years I have worked for you like a slave, and I have never disobeyed your orders. What have you given me? Not even a goat for me to have a feast with my friends! ³⁰But this son of yours wasted all your property on prostitutes, and when he comes back home, you kill the prize calf for him!' ³¹'My son,' the father answered, 'you are always here with me, and everything I have is yours. ³²But we had to celebrate and be happy, because your brother was dead, but now he is alive; he was lost, but now he has been found.'"

The Shrewd Manager

16 Jesus said to his disciples, "There was once a rich man who had a servant who managed his property. The rich man was told that the manager was wasting his master's money, ²so he called him in and said, 'What is this I hear about you? Hand in a complete account of your handling of my property, because you cannot be my manager any longer.' ³The servant said to himself, 'My master is going to dismiss me from my job. What shall I do? I am not strong enough to dig ditches, and I am ashamed to beg. ⁴Now I know what I will do! Then when my job is gone, I shall have friends who will welcome me in their homes.'

⁵"So he called in all the people who were in debt to his master. He asked the first one, 'How much do you owe my master?' ⁶'100 barrels of olive oil,' he answered. 'Here is your account,' the manager told him; 'sit down and write fifty.' ⁷Then he asked another one, 'And you — how much do you owe?' 'A thousand sacks of wheat,' he answered. 'Here is your account,' the manager told him; 'write 800.'

⁸"As a result the master of this dishonest manager praised him for doing such a shrewd thing; because the people of this world are much more shrewd in handling their affairs than the people who belong to the light."

⁹And Jesus went on to say, "And so I tell you: make friends for yourselves with worldly wealth, so that when it gives out, you will be welcomed in the eternal home. ¹⁰Whoever is faithful in small matters will be faithful in large ones; whoever is dishonest in small

sut mae eich trystio chi gyda pethau mawr? [11]Felly os dych chi ddim yn onest wrth drin arian, pwy sy'n mynd i'ch trystio chi gyda'r gwir gyfoeth? [12]Os dych chi ddim yn onest wrth drin eiddo pobl eraill, pwy sy'n mynd i roi eiddo i chi ei gadw i chi'ch hun?

[13]"Does neb yn gallu gweithio i ddau feistr gwahanol ar yr un pryd. Mae un yn siŵr o gael y flaenoriaeth ar draul y llall. Allwch chi ddim bod yn was i Dduw ac arian ar yr un pryd."

Pethau eraill ddysgodd Iesu
(Mathew 11:12-13; 5:31-32; Marc 10:11-12)

[14]Pan glywodd y Phariseaid hyn roedden nhw'n gwneud hwyl am ben Iesu, gan eu bod nhw'n hoff iawn o'u harian. [15]Ond dyma Iesu'n dweud wrthyn nhw, "Dych chi'n hoffi rhoi'r argraff eich bod chi mor dduwiol, ond mae Duw yn gwybod beth sydd yn eich calonnau chi! Mae beth mae pobl yn ei gyfri'n bwysig yn ddiwerth yng ngolwg Duw."

[16]"Cyfraith Moses ac ysgrifau'r Proffwydi oedd gynnoch chi nes i Ioan Fedyddiwr ddechrau pregethu. Ond ers hynny mae'r newyddion da fod Duw'n teyrnasu yn cael ei gyhoeddi, ac mae pawb yn cael eu hannog yn frwd i ymateb. [17]Ond dydy hynny ddim yn golygu fod y Gyfraith bellach yn ddiwerth. Bydd y nefoedd a'r ddaear yn diflannu cyn i'r manylyn lleia o'r Gyfraith golli ei rym.

[18]"Os ydy dyn yn ysgaru ei wraig er mwyn priodi rhywun arall mae'n godinebu. Hefyd, mae'r dyn sy'n priodi'r wraig sydd wedi ei hysgaru yn godinebu."

Y dyn cyfoethog a Lasarus

[19]"Roedd rhyw ddyn cyfoethog oedd bob amser yn gwisgo'r dillad mwya crand ac yn byw yn foethus. [20]Y tu allan i'w dŷ roedd dyn tlawd o'r enw Lasarus yn cael ei adael i gardota; dyn oedd â briwiau dros ei gorff i gyd. [21]Dyna lle roedd, yn disgwyl am unrhyw sbarion bwyd oedd yn cael eu taflu gan y dyn cyfoethog! Byddai cŵn yn dod ato ac yn llyfu'r briwiau agored ar ei gorff.

[22]"Un diwrnod dyma'r cardotyn yn marw, a daeth yr angylion i'w gario i'r nefoedd at Abraham. Ond pan fuodd y dyn cyfoethog farw, a chael ei gladdu, [23]aeth i uffern. Yno roedd yn dioddef yn ofnadwy, ac yn y pellter roedd yn gweld Abraham gyda Lasarus. [24]Gwaeddodd arno, 'Fy nhad Abraham, plîs helpa fi! Anfon Lasarus yma i roi blaen ei fys mewn dŵr a'i roi ar fy nhafod i'w hoeri. Dw i mewn poen ofnadwy yn y tân yma!'

matters will be dishonest in large ones. [11]If, then, you have not been faithful in handling worldly wealth, how can you be trusted with true wealth? [12]And if you have not been faithful with what belongs to someone else, who will give you what belongs to you?

[13]"No servant can be the slave of two masters; such a servant will hate one and love the other or will be loyal to one and despise the other. You cannot serve both God and money."

Some Sayings of Jesus
(Mt 11.12–13; 5.31–32; Mk 10.11–12)
[14]When the Pharisees heard all this, they sneered at Jesus, because they loved money. [15]Jesus said to them, "You are the ones who make yourselves look right in other people's sight, but God knows your hearts. For the things that are considered of great value by human beings are worth nothing in God's sight.

[16]"The Law of Moses and the writings of the prophets were in effect up to the time of John the Baptist; since then the Good News about the Kingdom of God is being told, and everyone forces their way in. [17]But it is easier for heaven and earth to disappear than for the smallest detail of the Law to be done away with.

[18]"Any man who divorces his wife and marries another woman commits adultery; and the man who marries a divorced woman commits adultery.

The Rich Man and Lazarus
[19]"There was once a rich man who dressed in the most expensive clothes and lived in great luxury every day. [20]There was also a poor man named Lazarus, covered with sores, who used to be brought to the rich man's door, [21]hoping to eat the bits of food that fell from the rich man's table. Even the dogs would come and lick his sores.

[22]"The poor man died and was carried by the angels to sit beside Abraham at the feast in heaven. The rich man died and was buried, [23]and in Hades,* where he was in great pain, he looked up and saw Abraham, far away, with Lazarus at his side. [24]So he called out, 'Father Abraham! Take pity on me, and send Lazarus to dip his finger in some water and cool my tongue, because I am in great pain in this fire!'

---

* *Hades:* The world of the dead.
16.13: Mt 6.24   **16.16:** Mt 11.12–13   **16.17:** Mt 5.18   **16.18:** Mt 5.32; 1 Cor 7.10–11

25"Ond dyma Abraham yn ei ateb, 'Fy mab, roedd gen ti bopeth roeddet ti eisiau ar y ddaear, ond doedd gan Lasarus ddim byd. Bellach mae e yma'n cael ei gysuro, a tithau'n cael dy arteithio. 26A beth bynnag mae'r hyn rwyt yn ei ofyn yn amhosib, achos mae yna agendor enfawr yn ein gwahanu ni. Does neb yn gallu croesi oddi yma atat ti, a does neb yn gallu dod drosodd o lle rwyt ti aton ni chwaith.'

27"Felly dyma'r dyn cyfoethog yn dweud, 'Os felly dw i'n ymbil arnat ti, plîs wnei di anfon Lasarus i rybuddio fy nheulu i. 28Mae gen i bum brawd, a fyddwn i ddim am iddyn nhw ddod i'r lle ofnadwy yma pan fyddan nhw farw.'

29"Ond atebodd Abraham, 'Mae Cyfraith Moses ac ysgrifau'r proffwydi* yn eu rhybuddio nhw. Does ond rhaid iddyn nhw wrando ar y rheiny.'

30"'Na, fy nhad,' meddai'r dyn cyfoethog. 'Petai rhywun sydd wedi marw yn cael ei anfon atyn nhw, bydden nhw'n troi cefn ar eu pechod.'

31"Ond meddai Abraham, 'Os dydyn nhw ddim yn gwrando ar Moses a'r Proffwydi, fyddan nhw ddim yn gwrando chwaith os bydd rhywun yn dod yn ôl yn fyw ar ôl marw.'"

Pechod a Maddeuant
(Mathew 18:6-7,21-22; Marc 9:42)

17 Dwedodd Iesu wrth ei ddisgyblion: "Bydd bob amser bethau'n digwydd sy'n temtio pobl i bechu, ond gwae'r sawl sy'n gwneud y temtio! 2Byddai'n well i'r person hwnnw gael ei daflu i'r môr gyda maen melin wedi ei rwymo am ei wddf, na gorfod wynebu canlyniadau gwneud i un o'r rhai bach yma bechu. 3Felly gwyliwch eich hunain! Os ydy rhywun arall sy'n credu ynof fi yn pechu, rhaid i ti ei geryddu; ond pan mae'n edifar ac yn troi cefn ar ei bechod, rhaid i ti faddau iddo. 4Hyd yn oed petai'n pechu yn dy erbyn saith gwaith y dydd, ond yn dod yn ôl bob tro ac yn gofyn am faddeuant, rhaid i ti faddau."

Ffydd
5Dyma'r apostolion yn gofyn i'r Arglwydd, "Sut allwn ni gael mwy o ffydd?"

6Atebodd Iesu, "Petai'ch ffydd chi mor fach â hedyn mwstard, gallech chi ddweud wrth y goeden forwydden yma am gael ei chodi o'r ddaear wrth ei gwreiddiau a'i thaflu i'r môr, a byddai'n gwneud hynny!

---

* *Cyfraith Moses ac ysgrifau'r proffwydi:* Ysgrifau sanctaidd yr Iddewon, sef yr Hen Destament.

25"But Abraham said, 'Remember, my son, that in your lifetime you were given all the good things, while Lazarus got all the bad things. But now he is enjoying himself here, while you are in pain. 26Besides all that, there is a deep pit lying between us, so that those who want to cross over from here to you cannot do so, nor can anyone cross over to us from where you are.' 27The rich man said, 'Then I beg you, father Abraham, send Lazarus to my father's house, 28where I have five brothers. Let him go and warn them so that they, at least, will not come to this place of pain.'

29"Abraham said, 'Your brothers have Moses and the prophets to warn them; your brothers should listen to what they say.' 30The rich man answered, 'That is not enough, father Abraham! But if someone were to rise from death and go to them, then they would turn from their sins.' 31But Abraham said, 'If they will not listen to Moses and the prophets, they will not be convinced even if someone were to rise from death.'"

Sin
(Mt 18.6–7, 21–22; Mk 9.42)

17 Jesus said to his disciples, "Things that make people fall into sin are bound to happen, but how terrible for the one who makes them happen! 2It would be better for him if a large millstone were tied round his neck and he were thrown into the sea than for him to cause one of these little ones to sin. 3So watch what you do!

"If your brother sins, rebuke him, and if he repents, forgive him. 4If he sins against you seven times in one day, and each time he comes to you saying, 'I repent,' you must forgive him."

Faith
5The apostles said to the Lord, "Make our faith greater."

6The Lord answered, "If you had faith as big as a mustard seed, you could say to this mulberry tree, 'Pull yourself up by the roots and plant yourself in the sea!' and it would obey you.

17.3: Mt 18.15

Dyletswydd Gwas

7"Pan mae eich gwas yn dod i'r tŷ ar ôl bod wrthi'n aredig y tir neu'n gofalu am y defaid drwy'r dydd, ydych chi'n dweud wrtho, 'Tyrd i eistedd i lawr yma, a bwyta'? 8Na, dych chi'n dweud, 'Gwna swper i mi gyntaf. Cei di fwyta wedyn.' 9A dych chi ddim yn diolch iddo, am fod y gwas ddim ond yn gwneud beth mae gwas i fod i'w wneud. 10Felly chithau — ar ôl gwneud popeth dw i'n ei ofyn, dylech chi ddweud, 'Dŷn ni'n haeddu dim. Gweision ydyn ni, sydd ddim ond yn gwneud beth mae disgwyl i ni ei wneud.'"

Deg dyn yn cael eu hiacháu o'r gwahanglwyf

11Aeth Iesu ymlaen ar ei ffordd i Jerwsalem, a daeth at y ffin rhwng Galilea a Samaria. 12Wrth iddo fynd i mewn i ryw bentref, dyma ddeg dyn oedd yn dioddef o'r gwahanglwyf yn dod i'w gyfarfod. Dyma nhw'n sefyll draw 13ac yn gweiddi'n uchel arno o bell, "Feistr! Iesu! — wnei di'n helpu ni?"

14Pan welodd Iesu nhw, dwedodd wrthyn nhw, "Ewch i ddangos eich hunain i'r offeiriaid."* Ac roedden nhw ar eu ffordd i wneud hynny pan wnaeth y gwahanglwyf oedd ar eu cyrff ddiflannu!

15Dyma un ohonyn nhw'n troi'n ôl pan welodd ei fod wedi cael ei iacháu. Roedd yn gweiddi'n uchel, "Clod i Dduw!" 16Taflodd ei hun ar lawr o flaen Iesu, a diolch iddo am yr hyn roedd wedi ei wneud. (Gyda llaw, Samariad oedd y dyn!)

17Meddai Iesu, "Roeddwn i'n meddwl mod i wedi iacháu deg o ddynion. Ble mae'r naw arall? 18Ai dim ond y Samariad yma sy'n fodlon rhoi'r clod i Dduw?" 19Yna dwedodd wrth y dyn, "Cod ar dy draed, a dos adre. Am i ti gredu rwyt wedi dy iacháu."

Duw yn teyrnasu

(Mathew 24:23-28,37-41)

20Un diwrnod, dyma'r Phariseaid yn gofyn i Iesu, "Pryd mae teyrnasiad Duw yn mynd i ddechrau?" Atebodd Iesu, "Does yna ddim arwyddion gweledig yn dangos fod teyrnasiad Duw wedi cyrraedd! 21Fydd pobl ddim yn gallu dweud, 'Mae yma!' neu 'Mae draw acw!' achos mae Duw yma'n teyrnasu yn eich plith chi."

22Roedd yn siarad am hyn gyda'i ddisgyblion wedyn, ac meddai, "Mae'r amser yn dod pan fyddwch chi'n dyheu am gael rhyw gipolwg bach o'r dyddiau pan fydda i, Mab y Dyn gyda chi eto, ond byddwch yn methu. 23Bydd pobl yn honni fod Mab y Dyn wedi dod yn ôl; 'Mae yma!' neu 'Mae draw acw!' byddan nhw'n ei ddweud. Ond peidiwch gwrando arnyn nhw a mynd allan i edrych amdano. 24Fydd

---

* *i'r offeiriaid:* gw. nodyn ar 5:14.
17:14 gw. Lefiticus 14:1-32

A Servant's Duty

7"Suppose one of you has a servant who is ploughing or looking after the sheep. When he comes in from the field, do you tell him to hurry and eat his meal? 8Of course not! Instead, you say to him, 'Get my supper ready, then put on your apron and wait on me while I eat and drink; after that you may have your meal.' 9The servant does not deserve thanks for obeying orders, does he? 10It is the same with you; when you have done all you have been told to do, say, 'We are ordinary servants; we have only done our duty.'"

Jesus Heals Ten Men

11As Jesus made his way to Jerusalem, he went along the border between Samaria and Galilee. 12He was going into a village when he was met by ten men suffering from a dreaded skin disease. They stood at a distance 13and shouted, "Jesus! Master! Take pity on us!"

14Jesus saw them and said to them, "Go and let the priests examine you."

On the way they were made clean.* 15When one of them saw that he was healed, he came back, praising God in a loud voice. 16He threw himself to the ground at Jesus' feet and thanked him. The man was a Samaritan. 17Jesus said, "There were ten men who were healed; where are the other nine? 18Why is this foreigner the only one who came back to give thanks to God?" 19And Jesus said to him, "Get up and go; your faith has made you well."

The Coming of the Kingdom
(Mt 24.23–28, 37–41)

20Some Pharisees asked Jesus when the Kingdom of God would come. His answer was, "The Kingdom of God does not come in such a way as to be seen. 21No one will say, 'Look, here it is!' or, 'There it is!'; because the Kingdom of God is within you."*

22Then he said to the disciples, "The time will come when you will wish you could see one of the days of the Son of Man, but you will not see it. 23There will be those who will say to you, 'Look, over there!' or, 'Look, over here!' But don't go out looking for it. 24As

---

* *made clean*: See 5.12.
* *is within you*; or *is among you*, or *will suddenly appear among you*.
17.14: Lev 14.1–32

dim amheuaeth o gwbl pan ddaw Mab y Dyn yn ôl — bydd mor amlwg â mellten yn goleuo'r awyr o un pen i'r llall! 25 Ond cyn i hynny ddigwydd mae'n rhaid i mi ddioddef yn ofnadwy a chael fy ngwrthod gan bobl y genhedlaeth bresennol.

26 "Bydd hi yn union yr un fath â roedd hi yn amser Noa pan fydda i, Mab y Dyn, yn dod yn ôl. 27 Roedd pobl yn bwyta ac yn yfed ac yn priodi ac yn y blaen, hyd y diwrnod pan aeth Noa i mewn i'r arch. Wedyn daeth y llifogydd a'u dinistrio nhw i gyd!

28 "A'r un fath yn amser Lot. Roedd pobl yn bwyta ac yn yfed, yn prynu a gwerthu, yn ffermio ac yn adeiladu. 29 Ond wedyn pan adawodd Lot Sodom daeth tân a brwmstan i lawr o'r awyr a'u dinistrio nhw i gyd.

30 "Fel yna'n union fydd hi pan fydda i, Mab y Dyn, yn dod i'r golwg. 31 Y diwrnod hwnnw fydd yna ddim cyfle i neb sydd y tu allan i'w dŷ fynd i mewn i bacio ei bethau. A ddylai neb sydd allan yn y maes feddwl mynd adre. 32 Cofiwch beth ddigwyddodd i wraig Lot! 33 Bydd y rhai sy'n ceisio achub eu hunain yn colli'r bywyd go iawn, ond y rhai sy'n barod i ollwng gafael ar eu bywyd yn diogelu bywyd go iawn. 34 Y noson honno bydd dau yn rhannu gwely; bydd un yn cael ei gymryd i ffwrdd a'r llall yn cael ei adael. 35 Bydd dwy wraig yn malu ŷd gyda'i gilydd; bydd un yn cael ei chymryd i ffwrdd a'r llall yn cael ei gadael."*

37 "Arglwydd, ble bydd hyn yn digwydd?" gofynnodd y disgyblion.

Atebodd Iesu, "Bydd mor amlwg â'r ffaith fod yna gorff marw lle mae fwlturiaid wedi casglu."

Stori am wraig weddw oedd yn gwrthod rhoi'r gorau iddi

18 Dwedodd Iesu stori wrth ei ddisgyblion i ddangos y dylen nhw ddal ati i weddïo, a pheidio byth ag anobeithio: 2 "Roedd barnwr yn byw mewn rhyw dref," meddai, "dyn oedd ddim yn parchu Duw na neb arall. 3 Ac yn yr un dref roedd gwraig weddw oedd yn mynd ato o hyd ac o hyd i ofyn iddo farnu rhywun oedd wedi gwneud niwed iddi.

4 "Chymerodd y barnwr ddim sylw ohoni i ddechrau. Ond yn y diwedd roedd wedi cael hen ddigon — 'Dw i ddim yn ddyn duwiol a dw i ddim yn poeni beth mae pobl eraill yn ei feddwl ohono i. 5 Ond bydd y wraig yma wedi ngyrru i'n wallgof os na wna i beth mae hi eisiau!' "

---

* *cael ei gadael:* Mae rhai llawysgrifau yn ychwanegu adn.36, *Bydd dau ddyn yn yr un cae; bydd un yn cael ei gymryd i ffwrdd a'r llall yn cael ei adael*
17:26 gw. Genesis 6:5-8   **17:27** gw. Genesis 7:6-24   **17:28,29** gw. Genesis 18:20—19:25
17:32 cyfeiriad at Genesis 19:26

the lightning flashes across the sky and lights it up from one side to the other, so will the Son of Man be in his day. [25]But first he must suffer much and be rejected by the people of this day. [26]As it was in the time of Noah so shall it be in the days of the Son of Man. [27]Everybody kept on eating and drinking, and men and women married, up to the very day Noah went into the boat and the flood came and killed them all. [28]It will be as it was in the time of Lot. Everybody kept on eating and drinking, buying and selling, planting and building. [29]On the day Lot left Sodom, fire and sulphur rained down from heaven and killed them all. [30]That is how it will be on the day the Son of Man is revealed.

[31]"On that day someone who is on the roof of his house must not go down into the house to get any belongings; in the same way anyone who is out in the field must not go back to the house. [32]Remember Lot's wife! [33]Whoever tries to save his own life will lose it; whoever loses his life will save it. [34]On that night, I tell you, there will be two people sleeping in the same bed: one will be taken away, the other will be left behind. [35]Two women will be grinding corn together: one will be taken away, the other will be left behind."*

[37]The disciples asked him, "Where, Lord?"

Jesus answered, "Wherever there is a dead body, the vultures will gather."

The Parable of the Widow and the Judge

18 Then Jesus told his disciples a parable to teach them that they should always pray and never become discouraged. [2]"In a certain town there was a judge who neither feared God nor respected people. [3]And there was a widow in that same town who kept coming to him and pleading for her rights, saying, 'Help me against my opponent!' [4]For a long time the judge refused to act, but at last he said to himself, 'Even though I don't fear God or respect people, [5]yet because of all the trouble this widow is giving me, I will see to it that she gets her rights. If I don't, she will keep on coming and finally wear me out!'"

---

* Some manuscripts add verse 36: *Two men will be working in a field: one will be taken away, the other will be left behind* (see Mt 24.40).
17.26: Gen 6.5–8   **17.27:** Gen 7.6–24   **17.28–29:** Gen 18.20—19.25
17.31: Mt 24.17–18; Mk 13.15–16   **17.32:** Gen 19.26
17.33: Mt 10.39; 16.25; Mk 8.35; Lk 9.24; Jn 12.25

⁶Yna meddai'r Arglwydd, "Gwrandwch, mae gwers i'w dysgu yma. ⁷Dych chi'n gwybod beth ddwedodd y barnwr drwg. Felly beth am Dduw? Dych chi ddim yn meddwl y bydd e'n amddiffyn y bobl mae wedi eu dewis iddo'i hun? Fydd e ddim yn oedi! Bydd yn ymateb ar unwaith i'r rhai sy'n galw arno ddydd a nos! ⁸Dw i'n dweud wrthoch chi, bydd yn rhoi dedfryd gyfiawn iddyn nhw, a hynny ar frys! Ond, pan fydda i, Mab y Dyn, yn dod yn ôl, faint o bobl fydd yn dal i gredu bryd hynny?"

Stori am y Pharisead a'r casglwr trethi

⁹Dwedodd Iesu y stori yma wrth rai pobl oedd yn meddwl eu bod nhw eu hunain mor dduwiol, ac yn edrych i lawr eu trwynau ar bawb arall: ¹⁰"Aeth dau ddyn i weddïo yn y deml. Pharisead oedd un ohonyn nhw, a'r llall yn ddyn oedd yn casglu trethi i Rufain. ¹¹Dyma'r Pharisead yn sefyll ar ei draed yn hyderus, a dyma oedd ei weddi: 'O Dduw, dw i yn diolch i ti mod i ddim yr un fath â phobl eraill. Dw i ddim yn twyllo na gwneud dim byd drwg arall, a dw i ddim yn gwneud pethau anfoesol. Dw i ddim yr un fath â'r bradwr yma! ¹²Dw i'n ymprydio ddwywaith yr wythnos ac yn rhoi un rhan o ddeg o bopeth sydd gen i i'r deml.'

¹³"Ond roedd y casglwr trethi wedi mynd i sefyll mewn rhyw gornel ar ei ben ei hun. Doedd e ddim yn meiddio edrych i fyny hyd yn oed. Yn lle hynny roedd yn curo ei frest mewn cywilydd. Dyma oedd ei weddi e: 'O Dduw, wnei di faddau i mi. Dw i'n bechadur ofnadwy.'

¹⁴"Dw i'n dweud wrthoch chi mai'r casglwr trethi, dim y Pharisead, oedd yr un aeth adre a'i berthynas gyda Duw yn iawn. Bydd Duw yn torri crib pobl falch ac yn anrhydeddu'r rhai gostyngedig."

Iesu a'r plant bach
(Mathew 19:13-15; Marc 10:13-16)

¹⁵Roedd pobl yn dod â'u babanod at Iesu er mwyn iddo eu cyffwrdd a'u bendithio. Ond pan welodd y disgyblion nhw, dyma nhw'n dweud y drefn wrthyn nhw. ¹⁶Ond dyma Iesu'n eu galw nhw ato. "Gadewch i'r plant bach ddod ata i," meddai, "Peidiwch eu rhwystro, am mai rhai fel nhw sy'n derbyn teyrnasiad Duw. ¹⁷Credwch chi fi, heb ymddiried fel plentyn bach, wnewch chi byth ddod yn un o'r rhai mae Duw'n teyrnasu yn eu bywydau."

Y dyn cyfoethog
(Mathew 19:16-30; Marc 10:17-31)

¹⁸Un tro gofynnodd rhyw arweinydd crefyddol y cwestiwn yma i Iesu: "Athro da, beth alla i ei wneud i gael bywyd tragwyddol?"

⁶And the Lord continued, "Listen to what that corrupt judge said. ⁷Now, will God not judge in favour of his own people who cry to him day and night for help? Will he be slow to help them? ⁸I tell you, he will judge in their favour and do it quickly. But will the Son of Man find faith on earth when he comes?"

The Parable of the Pharisee and the Tax Collector

⁹Jesus also told this parable to people who were sure of their own goodness and despised everybody else. ¹⁰"Once there were two men who went up to the Temple to pray: one was a Pharisee, the other a tax collector.

¹¹"The Pharisee stood apart by himself and prayed,* 'I thank you, God, that I am not greedy, dishonest, or an adulterer, like everybody else. I thank you that I am not like that tax collector over there. ¹²I fast two days a week, and I give you a tenth of all my income.'

¹³"But the tax collector stood at a distance and would not even raise his face to heaven, but beat on his breast and said, 'God, have pity on me, a sinner!' ¹⁴I tell you," said Jesus, "the tax collector, and not the Pharisee, was in the right with God when he went home. For all who make themselves great will be humbled, and all who humble themselves will be made great."

Jesus Blesses Little Children
(Mt 19.13–15; Mk 10.13–16)

¹⁵Some people brought their babies to Jesus for him to place his hands on them. The disciples saw them and scolded them for doing so, ¹⁶but Jesus called the children to him and said, "Let the children come to me and do not stop them, because the Kingdom of God belongs to such as these. ¹⁷Remember this! Whoever does not receive the Kingdom of God like a child will never enter it."

The Rich Man
(Mt 19.16–30; Mk 10.17–31)

¹⁸A Jewish leader asked Jesus, "Good Teacher, what must I do to receive eternal life?"

---

* *stood apart by himself and prayed;* some manuscripts have *stood up and prayed to himself.*
18.14: Mt 23.12; Lk 14.11

¹⁹"Pam wyt ti'n fy ngalw i'n dda?" meddai Iesu. "Onid Duw ydy'r unig un sy'n dda? ²⁰Ti'n gwybod beth wnaeth Duw ei orchymyn: *'Paid godinebu, paid llofruddio, paid dwyn, paid rhoi tystiolaeth ffals, gofala am dy dad a dy fam.'* "

²¹Atebodd y dyn, "Dw i wedi cadw'r rheolau yma i gyd ers pan o'n i'n fachgen ifanc."

²²Pan glywodd Iesu hynny, dwedodd wrth y dyn, "Mae un peth arall ar ôl. Gwertha bopeth, dy eiddo i gyd, a rhannu'r arian gyda phobl dlawd. Wedyn cei di drysor yn y nefoedd. Yna tyrd, dilyn fi."

²³Doedd y dyn ddim yn hapus o gwbl pan glywodd beth ddwedodd Iesu, am ei fod yn ddyn cyfoethog dros ben. ²⁴Edrychodd Iesu ar y dyn yn cerdded i ffwrdd, ac meddai wrth ei ddisgyblion, "Mae hi mor anodd i bobl gyfoethog adael i Dduw deyrnasu yn eu bywydau! ²⁵Mae'n haws i gamel wthio drwy grau nodwydd nag i bobl gyfoethog adael i Dduw deyrnasu yn eu bywydau!"

²⁶Dyma'r rhai glywodd hyn yn dweud, "Oes gobaith i unrhyw un gael ei achub felly?"

²⁷Atebodd Iesu, "Mae Duw yn gallu gwneud beth sy'n amhosib i bobl ei wneud."

²⁸Dyma Pedr yn ymateb, "Ond dŷn ni wedi gadael popeth sydd gynnon ni i dy ddilyn di!"

²⁹"Credwch chi fi," meddai Iesu wrthyn nhw, "bydd pwy bynnag sydd wedi mynd oddi cartref a gadael gwraig neu frodyr neu rieni neu blant er mwyn teyrnas Dduw ³⁰yn derbyn llawer iawn mwy yn y bywyd yma. Ac yn yr oes sydd i ddod byddan nhw'n derbyn bywyd tragwyddol!"

Iesu'n dweud eto ei fod yn mynd i farw

(Mathew 20:17-19; Marc 10:32-34)

³¹Aeth Iesu â'r deuddeg disgybl i'r naill ochr, a dweud wrthyn nhw, "Pan gyrhaeddwn ni Jerwsalem, daw'r cwbl mae'r proffwydi wedi ei ysgrifennu amdana i, Mab y Dyn, yn wir. ³²Bydda i'n cael fy rhoi yn nwylo'r Rhufeiniaid.* Byddan nhw'n gwneud sbort ar fy mhen, yn fy ngham-drin, ac yn poeri arna i. ³³Yna bydda i'n cael fy chwipio a'm lladd. Ond yna, ddeuddydd wedyn bydda i'n dod yn ôl yn fyw."

³⁴Doedd y disgyblion ddim yn deall hyn o gwbl. Roedd y cwbl yn ddirgelwch pur iddyn nhw, a doedd ganddyn nhw ddim syniad am beth roedd e'n siarad.

---

* *Rhufeiniaid:* Groeg, "estroniaid".
18:20 Exodus 20:12-16; Deuteronomium 5:16-20

¹⁹"Why do you call me good?" Jesus asked him. "No one is good except God alone. ²⁰You know the commandments: 'Do not commit adultery; do not commit murder; do not steal; do not accuse anyone falsely; respect your father and your mother.'"

²¹The man replied, "Ever since I was young, I have obeyed all these commandments."

²²When Jesus heard this, he said to him, "There is still one more thing you need to do. Sell all you have and give the money to the poor, and you will have riches in heaven; then come and follow me." ²³But when the man heard this, he became very sad, because he was very rich.

²⁴Jesus saw that he was sad and said, "How hard it is for rich people to enter the Kingdom of God! ²⁵It is much harder for a rich person to enter the Kingdom of God than for a camel to go through the eye of a needle."

²⁶The people who heard him asked, "Who, then, can be saved?"

²⁷Jesus answered, "What is humanly impossible is possible for God."

²⁸Then Peter said, "Look! We have left our homes to follow you."

²⁹"Yes," Jesus said to them, "and I assure you that anyone who leaves home or wife or brothers or parents or children for the sake of the Kingdom of God ³⁰will receive much more in this present age and eternal life in the age to come."

Jesus Speaks a Third Time about his Death
(Mt 20.17–19; Mk 10.32–34)
³¹Jesus took the twelve disciples aside and said to them, "Listen! We are going to Jerusalem where everything the prophets wrote about the Son of Man will come true. ³²He will be handed over to the Gentiles, who will mock him, insult him, and spit on him. ³³They will whip him and kill him, but three days later he will rise to life."

³⁴But the disciples did not understand any of these things; the meaning of the words was hidden from them, and they did not know what Jesus was talking about.

18.20: Ex 20.12–16; Deut 5.16–20

Cardotyn dall yn cael gweld

(Mathew 20:29-34; Marc 10:46-52)

35Pan oedd Iesu'n agosáu at Jericho dyma ddyn dall oedd yn cardota ar ochr y ffordd 36yn clywed sŵn tyrfa o bobl yn pasio heibio, a dyma fe'n gofyn, "Beth sy'n digwydd?" 37"Iesu o Nasareth sy'n pasio heibio," meddai rhywun wrtho. 38Felly dyma'r dyn dall yn gweiddi'n uchel, "Iesu! Fab Dafydd! Helpa fi!"

39"Cau dy geg!" meddai'r bobl oedd ar flaen y dyrfa. Ond yn lle hynny dechreuodd weiddi'n uwch fyth, "Iesu! Fab Dafydd! Helpa fi!"

40Dyma Iesu'n stopio, ac yn dweud wrthyn nhw am ddod â'r dyn ato. Pan ddaeth ato, gofynnodd i'r dyn, 41"Beth ga i wneud i ti?"

"Arglwydd," meddai, "dw i eisiau gallu gweld."

42Yna dwedodd Iesu wrtho, "Iawn, cei di weld; am i ti gredu rwyt wedi dy iacháu." 43Yn sydyn roedd y dyn yn gweld, a dilynodd Iesu gan foli Duw. Ac roedd pawb welodd beth ddigwyddodd yn moli Duw hefyd!

Iesu a Sacheus

19 Aeth Iesu yn ei flaen i mewn i Jericho, ac roedd yn mynd drwy'r dref. 2Roedd dyn o'r enw Sacheus yn byw yno — Iddew oedd yn arolygwr yn adran casglu trethi Rhufain. Roedd yn ddyn hynod o gyfoethog. 3Roedd arno eisiau gweld Iesu, ond roedd yn ddyn byr ac yn methu ei weld am fod gormod o dyrfa o'i gwmpas. 4Rhedodd ymlaen a dringo coeden sycamorwydden oedd i lawr y ffordd lle roedd Iesu'n mynd, er mwyn gallu gweld.

5Pan ddaeth Iesu at y goeden, edrychodd i fyny a dweud wrtho, "Sacheus, tyrd i lawr. Mae'n rhaid i mi ddod i dy dŷ di heddiw." 6Dringodd Sacheus i lawr ar unwaith a rhoi croeso brwd i Iesu i'w dŷ.

7Doedd y bobl welodd hyn ddim yn hapus o gwbl! Roedden nhw'n cwyno a mwmblan, "Mae wedi mynd i aros i dŷ 'pechadur' — dyn ofnadwy!"

8Ond dyma Sacheus yn dweud wrth Iesu, "Arglwydd, dw i'n mynd i roi hanner popeth sydd gen i i'r rhai sy'n dlawd. Ac os ydw i wedi twyllo pobl a chymryd mwy o drethi nag y dylwn i, tala i bedair gwaith cymaint yn ôl iddyn nhw." *

9Meddai Iesu, "Mae'r bobl sy'n byw yma wedi gweld beth ydy achubiaeth heddiw. Mae'r dyn yma wedi dangos ei fod yn fab i Abraham. 10Dw i, Mab y Dyn, wedi dod i chwilio am y rhai sydd ar goll, i'w hachub nhw."

---

* *pedair gwaith cymaint yn ôl iddyn nhw:* Roedd y gyfraith Iddewig a chyfraith Rhufain yn dweud fod rhaid i rywun dalu'n ôl bedair gwaith y swm oedden nhw wedi ei gymryd.
19:10 cyfeiriad at Eseciel 34:11,12

Jesus Heals a Blind Beggar
(Mt 20.29–34; Mk 10.46–52)

35As Jesus was coming near Jericho, there was a blind man sitting by the road, begging. 36When he heard the crowd passing by, he asked, "What is this?"

37"Jesus of Nazareth is passing by," they told him.

38He cried out, "Jesus! Son of David! Take pity on me!"

39The people in front scolded him and told him to be quiet. But he shouted even more loudly, "Son of David! Take pity on me!"

40So Jesus stopped and ordered the blind man to be brought to him. When he came near, Jesus asked him, 41"What do you want me to do for you?"

"Sir," he answered, "I want to see again."

42Jesus said to him, "Then see! Your faith has made you well."

43At once he was able to see, and he followed Jesus, giving thanks to God. When the crowd saw it, they all praised God.

Jesus and Zacchaeus

19 Jesus went on into Jericho and was passing through. 2There was a chief tax collector there named Zacchaeus, who was rich. 3He was trying to see who Jesus was, but he was a little man and could not see Jesus because of the crowd. 4So he ran ahead of the crowd and climbed a sycamore tree to see Jesus, who was going to pass that way. 5When Jesus came to that place, he looked up and said to Zacchaeus, "Hurry down, Zacchaeus, because I must stay in your house today."

6Zacchaeus hurried down and welcomed him with great joy. 7All the people who saw it started grumbling, "This man has gone as a guest to the home of a sinner!"

8Zacchaeus stood up and said to the Lord, "Listen, sir! I will give half my belongings to the poor, and if I have cheated anyone, I will pay back four times as much."

9Jesus said to him, "Salvation has come to this house today, for this man, also, is a descendant of Abraham. 10The Son of Man came to seek and to save the lost."

19.10: Mt 18.10

Stori am ddeg gwas

(Mathew 25:14-30)

¹¹Roedd y dyrfa'n gwrando ar bopeth roedd Iesu'n ei ddweud. Gan ei fod yn dod yn agos at Jerwsalem, dwedodd stori wrthyn nhw i gywiro'r syniad oedd gan bobl fod teyrnasiad Duw yn mynd i ddod unrhyw funud. ¹²Dyma'r stori: "Roedd rhyw ddyn pwysig aeth i ffwrdd i wlad bell i gael ei wneud yn frenin ar ei bobl. ¹³Ond cyn mynd, galwodd ddeg o'i weision ato a rhannu swm o arian* rhyngddyn nhw. 'Defnyddiwch yr arian yma i farchnata ar fy rhan, nes do i yn ôl adre,' meddai.

¹⁴"Ond roedd ei bobl yn ei gasáu, a dyma nhw'n anfon cynrychiolwyr ar ei ôl i ddweud eu bod nhw ddim eisiau iddo fod yn frenin arnyn nhw.

¹⁵"Ond cafodd ei wneud yn frenin, a phan ddaeth adre galwodd ato y gweision hynny oedd wedi rhoi'r arian iddyn nhw. Roedd eisiau gwybod a oedden nhw wedi llwyddo i wneud elw. ¹⁶Dyma'r cyntaf yn dod, ac yn dweud ei fod wedi llwyddo i wneud elw mawr — deg gwaith cymaint â'r swm gwreiddiol! ¹⁷'Da iawn ti!' meddai'r meistr, 'Rwyt ti'n weithiwr da. Gan dy fod di wedi bod yn ffyddlon wrth drin yr ychydig rois i yn dy ofal di, dw i am dy wneud di'n rheolwr ar ddeg dinas.'

¹⁸"Wedyn dyma'r ail yn dod ac yn dweud ei fod yntau wedi gwneud elw — pum gwaith cymaint â'r swm gwreiddiol. ¹⁹'Da iawn ti!' meddai'r meistr, 'Dw i am dy osod di yn rheolwr ar bum dinas.'

²⁰"Wedyn dyma was arall yn dod ac yn rhoi'r arian oedd wedi ei gael yn ôl i'w feistr, a dweud, 'Dw i wedi cadw'r arian yn saff i ti. ²¹Roedd gen i ofn gwneud colled gan dy fod di'n ddyn caled. Rwyt ti'n ecsbloetio pobl, ac yn dwyn eu cnydau nhw.'

²²"Atebodd y meistr, 'Dw i'n ddyn caled ydw i — yn ecsbloetio pobl ac yn dwyn eu cnydau nhw? Iawn! Dyna sut cei di dy drin gan dy fod ti'n was da i ddim! ²³Pam wnest ti ddim rhoi'r arian mewn cyfri banc? Byddwn i o leia wedi ei gael yn ôl gyda rhyw fymryn o log!'

²⁴"Felly dyma'r brenin yn rhoi gorchymyn i'r rhai eraill oedd yn sefyll yno, 'Cymerwch yr arian oddi arno, a'i roi i'r un oedd wedi gwneud y mwya o elw!'

²⁵"'Ond feistr,' medden nhw, 'Mae gan hwnnw hen ddigon yn barod!'

²⁶"Atebodd y meistr nhw, 'Bydd y rhai sydd wedi gwneud defnydd da o beth sydd ganddyn nhw yn derbyn mwy; ond am y rhai sy'n gwneud dim byd, bydd hyd yn oed yr ychydig sydd ganddyn nhw'n cael ei gymryd oddi arnyn nhw! ²⁷Dw i'n mynd i ddelio gyda'r gelynion hynny oedd ddim eisiau i mi fod yn frenin arnyn nhw hefyd — dewch â nhw yma, a lladdwch nhw i gyd o mlaen i!'"

---

* *swm o arian:* Groeg, "10 **mina**". Roedd un **mina** yn werth 100 denariws, sef cyflog tua tri mis.

The Parable of the Gold Coins

(Mt 25.14–30)

¹¹While the people were listening to this, Jesus continued and told them a parable. He was now almost at Jerusalem, and they supposed that the Kingdom of God was just about to appear. ¹²So he said, "There was once a man of high rank who was going to a country far away to be made king, after which he planned to come back home. ¹³Before he left, he called his ten servants and gave them each a gold coin and told them, 'See what you can earn with this while I am gone.' ¹⁴Now, his own people hated him, and so they sent messengers after him to say, 'We don't want this man to be our king.'

¹⁵"The man was made king and came back. At once he ordered his servants to appear before him, in order to find out how much they had earned. ¹⁶The first one came and said, 'Sir, I have earned ten gold coins with the one you gave me.' ¹⁷'Well done,' he said; 'you are a good servant! Since you were faithful in small matters, I will put you in charge of ten cities.' ¹⁸The second servant came and said, 'Sir, I have earned five gold coins with the one you gave me.' ¹⁹To this one he said, 'You will be in charge of five cities.'

²⁰"Another servant came and said, 'Sir, here is your gold coin; I kept it hidden in a handkerchief. ²¹I was afraid of you, because you are a hard man. You take what is not yours and reap what you did not sow.' ²²He said to him, 'You bad servant! I will use your own words to condemn you! You know that I am a hard man, taking what is not mine and reaping what I have not sown. ²³Well, then, why didn't you put my money in the bank? Then I would have received it back with interest when I returned.'

²⁴"Then he said to those who were standing there, 'Take the gold coin away from him and give it to the servant who has ten coins.' ²⁵But they said to him, 'Sir, he already has ten coins!' ²⁶'I tell you,' he replied, 'that to all those who have something, even more will be given; but those who have nothing, even the little that they have will be taken away from them. ²⁷Now, as for those enemies of mine who did not want me to be their king, bring them here and kill them in my presence!'"

19.26: Mt 13.12; Mk 4.25; Lk 8.18

Marchogaeth i Jerwsalem

(Mathew 21:1-11; Marc 11:1-11; Ioan 12:12-19)

²⁸Ar ôl dweud y stori, aeth Iesu yn ei flaen i gyfeiriad Jerwsalem. ²⁹Pan oedd ar fin cyrraedd Bethffage a Bethania wrth Fynydd yr Olewydd yn ymyl Jerwsalem, dwedodd wrth ddau o'i ddisgyblion, ³⁰"Ewch i'r pentref acw sydd o'ch blaen. Wrth fynd i mewn iddo, dewch o hyd i ebol wedi ei rwymo — un does neb wedi bod ar ei gefn o'r blaen. Dewch â'r ebol i mi. ³¹Os bydd rhywun yn gofyn, 'Pam ydych chi'n ei ollwng yn rhydd?' dwedwch wrthyn nhw, 'Mae'r meistr ei angen.'"

³²Felly i ffwrdd â'r ddau ddisgybl; a dyna lle roedd yr ebol yn union fel roedd Iesu wedi dweud. ³³Wrth iddyn nhw ei ollwng yn rhydd, dyma'r rhai oedd biau'r ebol yn dweud, "Hei! Beth ydych chi'n ei wneud?"

³⁴"Mae'r meistr ei angen," medden nhw. ³⁵Pan ddaethon nhw â'r ebol at Iesu dyma nhw'n taflu eu cotiau drosto, a dyma Iesu'n eistedd ar ei gefn. ³⁶Wrth iddo fynd yn ei flaen, dyma bobl yn taflu eu cotiau fel carped ar y ffordd. ³⁷Pan gyrhaeddon nhw'r fan lle mae'r ffordd yn mynd i lawr o Fynydd yr Olewydd, dyma'r dyrfa oedd yn dilyn Iesu yn dechrau gweiddi'n uchel a chanu mawl i Dduw o achos yr holl wyrthiau rhyfeddol roedden nhw wedi eu gweld:

³⁸ *"Mae'r Brenin sy'n dod i gynrychioli'r Arglwydd wedi ei
        fendithio'n fawr!"*

    "Heddwch yn y nefoedd a chlod i Dduw yn y goruchaf!"

³⁹Ond dyma ryw Phariseaid oedd yn y dyrfa yn troi at Iesu a dweud, "Athro, cerydda dy ddisgyblion am ddweud y fath bethau!"

⁴⁰Atebodd Iesu, "Petaen nhw'n tewi, byddai'r cerrig yn dechrau gweiddi."

Iesu'n crïo dros Jerwsalem

⁴¹Wrth iddyn nhw ddod yn agos at Jerwsalem dyma Iesu yn dechrau crïo wrth weld y ddinas o'i flaen. ⁴²"Petaet ti hyd yn oed heddiw ond wedi deall beth fyddai'n dod â heddwch parhaol i ti! Ond mae'n rhy hwyr, a dydy heddwch ddim o fewn dy gyrraedd o gwbl. ⁴³Mae dydd yn dod pan fydd dy elynion yn codi gwrthglawdd yn dy erbyn ac yn dy gau i mewn ac ymosod arnat o bob cyfeiriad. ⁴⁴Cei di dy sathru dan draed, ti a'r bobl sy'n byw ynot. Bydd waliau'r ddinas yn cael eu chwalu'n llwyr, am dy fod wedi gwrthod dy Dduw ar y foment honno pan ddaeth i dy helpu di."

19:38 Salm 118:26   **19:40** adlais o Habacuc 2:11

The Triumphant Approach to Jerusalem
(Mt 21.1–11; Mk 11.1–11; Jn 12.12–19)

28After Jesus said this, he went on ahead of them to Jerusalem. 29As he came near Bethphage and Bethany at the Mount of Olives, he sent two disciples ahead 30with these instructions: "Go to the village there ahead of you; as you go in, you will find a colt tied up that has never been ridden. Untie it and bring it here. 31If someone asks you why you are untying it, tell him that the Master* needs it."

32They went on their way and found everything just as Jesus had told them. 33As they were untying the colt, its owners said to them, "Why are you untying it?"

34"The Master* needs it," they answered, 35and they took the colt to Jesus. Then they threw their cloaks over the animal and helped Jesus get on. 36As he rode on, people spread their cloaks on the road.

37When he came near Jerusalem, at the place where the road went down the Mount of Olives, the large crowd of his disciples began to thank God and praise him in loud voices for all the great things that they had seen: 38"God bless the king who comes in the name of the Lord! Peace in heaven and glory to God!"

39Then some of the Pharisees in the crowd spoke to Jesus. "Teacher," they said, "command your disciples to be quiet!"

40Jesus answered, "I tell you that if they keep quiet, the stones themselves will start shouting."

Jesus Weeps over Jerusalem

41He came closer to the city, and when he saw it, he wept over it, 42saying, "If you only knew today what is needed for peace! But now you cannot see it! 43The time will come when your enemies will surround you with barricades, blockade you, and close in on you from every side. 44They will completely destroy you and the people within your walls; not a single stone will they leave in its place, because you did not recognize the time when God came to save you!"

* *the Master;* or *its owner.*
* *the Master;* or *its owner.*
19.38: Ps 118.26

Iesu'n clirio'r deml

(Mathew 21:12-17; Marc 11:15-19; Ioan 2:13-22)

[45]Aeth i mewn i gwrt y deml a dechrau gyrru allan bawb oedd yn gwerthu yno. [46]Meddai wrthyn nhw, "Mae'r ysgrifau sanctaidd yn dweud, *'Bydd fy nhŷ i yn cael ei alw yn dŷ gweddi'*; ond dych chi wedi troi'r lle yn *'guddfan i ladron'*!"

[47]Wedi hynny, roedd yn mynd i'r deml bob dydd ac yn dysgu'r bobl. Roedd y prif offeiriaid, yr arbenigwyr yn y Gyfraith, a'r arweinwyr crefyddol eraill yn cynllwynio i'w ladd. [48]Ond doedden nhw ddim yn gwybod beth i'w wneud, gan fod y bobl gyffredin yn dal ar bob gair roedd yn ei ddweud.

Amau awdurdod Iesu

(Mathew 21:23-27; Marc 11:27-33)

20 Un diwrnod roedd Iesu'n dysgu'r bobl ac yn cyhoeddi'r newyddion da yn y deml. Dyma'r prif offeiriaid, yr arbenigwyr yn y Gyfraith a'r arweinwyr Iddewig eraill yn dod ato, [2]a gofyn iddo, "Pa hawl sydd gen ti i wneud beth wnest ti? Pwy yn union roddodd yr awdurdod i ti?"

[3]Atebodd Iesu, "Gadewch i mi ofyn un cwestiwn i chi'n gyntaf. Dwedwch wrtho i — [4]Ai Duw anfonodd Ioan i fedyddio neu ddim?"

[5]Wrth drafod y peth gyda'i gilydd, dyma nhw'n dweud, "Os atebwn ni 'Ie', bydd yn gofyn, 'Pam doeddech chi ddim yn ei gredu?' [6]Ond allwn ni ddim dweud 'Na' ... Bydd y bobl yn ein llabyddio ni â cherrig. Maen nhw'n credu'n gwbl bendant fod Ioan yn broffwyd."

[7]Felly dyma nhw'n dweud eu bod nhw ddim yn gwybod yr ateb.

[8]"Felly dw i ddim yn mynd i ateb eich cwestiwn chi chwaith," meddai Iesu.

Stori y tenantiaid

(Mathew 21:33-46; Marc 12:1-12)

[9]Aeth yn ei flaen i ddweud y stori yma wrth y bobl: "Roedd dyn wedi plannu gwinllan. Gosododd y winllan ar rent i rhyw ffermwyr cyn mynd i ffwrdd am amser hir. [10]Pan oedd hi'n amser casglu'r grawnwin anfonodd un o'i weision i nôl y siâr roedd y tenantiaid i fod i'w rhoi iddo. Ond dyma'r tenantiaid yn curo'r gwas a'i anfon i ffwrdd heb ddim. [11]Felly dyma'r dyn yn anfon gwas arall; dyma nhw'n curo hwnnw hefyd a'i gam-drin a'i anfon i ffwrdd heb ddim. [12]Pan anfonodd was arall eto, dyma nhw'n anafu hwnnw'n ddifrifol a'i daflu allan.

19:46 **a** Eseia 56:7; **b** cyfeiriad at Jeremeia 7:11

Jesus Goes to the Temple
(Mt 21.12–17; Mk 11.15–19; Jn 2.13–22)

⁴⁵Then Jesus went into the Temple and began to drive out the merchants, ⁴⁶saying to them, "It is written in the Scriptures that God said, 'My Temple will be a house of prayer.' But you have turned it into a hideout for thieves!"

⁴⁷Every day Jesus taught in the Temple. The chief priests, the teachers of the Law, and the leaders of the people wanted to kill him, ⁴⁸but they could not find a way to do it, because all the people kept listening to him, not wanting to miss a single word.

The Question about Jesus' Authority
(Mt 21.23–27; Mk 11.27–33)

20 One day when Jesus was in the Temple teaching the people and preaching the Good News, the chief priests and the teachers of the Law, together with the elders, came ²and said to him, "Tell us, what right have you to do these things? Who gave you this right?"

³Jesus answered them, "Now let me ask you a question. Tell me, ⁴did John's right to baptize come from God or from human beings?"

⁵They started to argue among themselves, "What shall we say? If we say, 'From God,' he will say, 'Why, then, did you not believe John?' ⁶But if we say 'From human beings,' this whole crowd here will stone us, because they are convinced that John was a prophet." ⁷So they answered, "We don't know where it came from."

⁸And Jesus said to them, "Neither will I tell you, then, by what right I do these things."

The Parable of the Tenants in the Vineyard
(Mt 21.33–46; Mk 12.1–12)

⁹Then Jesus told the people this parable: "There was once a man who planted a vineyard, let it out to tenants, and then left home for a long time. ¹⁰When the time came to gather the grapes, he sent a slave to the tenants to receive from them his share of the harvest. But the tenants beat the slave and sent him back without a thing. ¹¹So he sent another slave; but the tenants beat him also, treated him shamefully, and sent him back without a thing. ¹²Then he sent a third slave; the tenants wounded him,

---

19.46: Is 56.7; Jer 7.11   19.47: Lk 21.37   20.9: Is 5.1

¹³"'Beth wna i?' meddai'r dyn oedd biau'r winllan. 'Dw i'n gwybod! Anfona i fy mab annwyl atyn nhw. Byddan nhw'n ei barchu e.'

¹⁴"Ond pan welodd y tenantiaid y mab, dyma nhw'n dweud wrth ei gilydd: 'Hwn sy'n mynd i etifeddu'r winllan. Os lladdwn ni hwn cawn ni'r winllan i ni'n hunain!' ¹⁵Felly dyma nhw'n ei daflu allan o'r winllan a'i ladd. Felly beth fydd y dyn biau'r winllan yn ei wneud iddyn nhw? ¹⁶Bydd yn dod ac yn lladd y tenantiaid hynny ac yn rhoi'r winllan i bobl eraill."

Pan glywodd y bobl y stori yma, eu hymateb oedd, "Na! Byth!"

¹⁷Edrychodd Iesu i fyw eu llygaid, ac meddai, "Felly beth ydy ystyr y geiriau yma o'r ysgrifau sanctaidd:

'Mae'r garreg wrthododd yr adeiladwyr
    wedi cael ei gwneud yn garreg sylfaen'?

¹⁸Bydd pawb sy'n baglu dros y garreg honno yn dryllio'n ddarnau, a bydd pwy bynnag mae'r garreg yn syrthio arno yn cael ei fathru."

¹⁹Roedd yr arbenigwyr yn y Gyfraith a'r prif offeiriaid yn gwybod yn iawn ei fod yn sôn amdanyn nhw yn y stori. Roedden nhw eisiau gafael ynddo yn y fan a'r lle, ond roedd arnyn nhw ofn y bobl.

Talu trethi i Cesar
(Mathew 22:15-22; Marc 12:13-17)

²⁰Roedden nhw'n ei wylio'n ofalus, a dyma nhw'n anfon dynion ato oedd yn cymryd arnynt eu bod yn ddidwyll. Roedden nhw'n gobeithio dal Iesu yn dweud rhywbeth o'i le, ac wedyn bydden nhw'n gallu dod â chyhuddiad yn ei erbyn o flaen y llywodraethwr Rhufeinig. ²¹Felly dyma'r rhai gafodd eu hanfon i geisio ei dwyllo yn gofyn iddo, "Athro, dŷn ni'n gwybod fod yr hyn rwyt ti'n ei ddweud ac yn ei ddysgu yn wir. Dwyt ti ddim yn dangos ffafriaeth, ac rwyt ti'n dysgu ffordd Duw ac yn glynu wrth yr hyn sy'n wir. ²²Ydy'n iawn i ni dalu trethi i lywodraeth Rhufain?"

²³Ond roedd Iesu'n gweld eu bod yn ceisio'i dwyllo. ²⁴"Dewch â darn arian yma," meddai wrthyn nhw. "Llun pwy sydd arno? Am bwy mae'r arysgrif yma'n sôn?"

"Cesar," medden nhw.

²⁵"Felly," meddai Iesu, "Rhowch beth sydd biau Cesar i Cesar, a'r hyn biau Duw i Dduw."

too, and threw him out. ¹³Then the owner of the vineyard said, 'What shall I do? I will send my own dear son; surely they will respect him!' ¹⁴But when the tenants saw him, they said to one another, 'This is the owner's son. Let's kill him, and his property will be ours!' ¹⁵So they threw him out of the vineyard and killed him.

"What, then, will the owner of the vineyard do to the tenants?" Jesus asked. ¹⁶"He will come and kill those men, and hand the vineyard over to other tenants."

When the people heard this, they said, "Surely not!"

¹⁷Jesus looked at them and asked, "What, then, does this scripture mean?

'The stone which the builders rejected as worthless
    turned out to be the most important of all.'

¹⁸Everyone who falls on that stone will be cut to pieces; and if that stone falls on someone, it will crush him to dust."

The Question about Paying Taxes
(Mt 22.15–22; Mk 12.13–17)

¹⁹The teachers of the Law and the chief priests tried to arrest Jesus on the spot, because they knew that he had told this parable against them; but they were afraid of the people. ²⁰So they looked for an opportunity. They bribed some men to pretend they were sincere, and they sent them to trap Jesus with questions, so that they could hand him over to the authority and power of the Roman Governor. ²¹These spies said to Jesus, "Teacher, we know that what you say and teach is right. We know that you pay no attention to anyone's status, but teach the truth about God's will for people. ²²Tell us, is it against our Law for us to pay taxes to the Roman Emperor, or not?"

²³But Jesus saw through their trick and said to them, ²⁴"Show me a silver coin. Whose face and name are these on it?"

"The Emperor's," they answered.

²⁵So Jesus said, "Well, then, pay the Emperor what belongs to the Emperor, and pay God what belongs to God."

20.17: Ps 118.22

²⁶Felly roedden nhw wedi methu ei gael i ddweud unrhyw beth o'i le o flaen y bobl. Roedd ei ateb wedi eu syfrdanu'n llwyr — doedden nhw ddim yn gallu dweud dim.

Priodas a bywyd ar ôl marwolaeth
(Mathew 22:23-33; Marc 12:18-27)

²⁷Dyma rai o'r Sadwceaid yn dod i ofyn cwestiwn i Iesu. (Nhw ydy'r arweinwyr Iddewig sy'n dweud fod pobl ddim yn mynd i ddod yn ôl yn fyw ar ôl marw.) ²⁸"Athro," medden nhw, "rhoddodd Moses y rheol yma i ni: *os ydy dyn yn marw heb gael plant, rhaid i frawd y dyn hwnnw briodi'r weddw a chael plant yn ei le* ²⁹Nawr, roedd saith brawd. Priododd yr hynaf, a buodd farw heb gael plant. ³⁰⁻³¹Dyma'r ail, ac yna'r trydydd yn priodi'r weddw. Yn wir, digwyddodd yr un peth gyda'r saith — wnaeth yr un ohonyn nhw adael plentyn ar ei ôl. ³²Dyma'r wraig yn marw wedyn hefyd. ³³Felly dyma'n cwestiwn ni: 'Pan fydd yr atgyfodiad yn digwydd, gwraig pwy fydd hi?' Roedd hi wedi bod yn wraig i'r saith ohonyn nhw!"

³⁴Atebodd Iesu, "Yn y bywyd yma mae pobl yn priodi. ³⁵Ond yn yr oes sydd i ddod, fydd pobl ddim yn priodi — sef y bobl hynny sy'n cael eu cyfri'n deilwng i fod yn rhan ohoni ac wedi codi yn ôl yn fyw. ³⁶A fyddan nhw ddim yn marw eto. Byddan nhw yr un fath â'r angylion yn hynny o beth. Maen nhw'n blant Duw wedi eu codi yn ôl i fywyd newydd. ³⁷A bydd y meirw'n dod yn ôl yn fyw! Mae hyd yn oed Moses yn dangos fod hynny'n wir! Yn yr hanes am y berth yn llosgi mae'n dweud mai'r Arglwydd Dduw ydy *'Duw Abraham, Duw Isaac a Duw Jacob'.* ³⁸Dim Duw pobl wedi marw ydy Duw, ond Duw'r rhai sy'n fyw! Maen nhw i gyd yn fyw iddo fe!"

³⁹Dyma rai o'r arbenigwyr yn y Gyfraith yn ymateb, "Go dda, athro! Clywch, clywch!" ⁴⁰O hynny ymlaen doedd neb yn meiddio gofyn mwy o gwestiynau iddo.

Mab pwy ydy'r Meseia?
(Mathew 22:41-46; Marc 12:35-37)

⁴¹Yna dyma Iesu'n dweud wrthyn nhw, "Pam maen nhw'n dweud fod y Meseia yn fab i Dafydd? ⁴²Mae Dafydd ei hun yn dweud yn Llyfr y Salmau:

'Dwedodd yr Arglwydd wrth fy arglwydd:
  "Eistedd yma yn y sedd anrhydedd*
⁴³ nes i mi wneud i dy elynion blygu
   fel stôl i ti orffwys dy draed arni."'

---

* *yn y sedd anrhydedd* Groeg, "ar yr ochr dde i mi"
20:28 cyfeiriad at Deuteronomium 25:5   **20:37** Exodus 3:6   **20:42,43** Salm 110:1

²⁶There before the people they could not catch him out in anything, so they kept quiet, amazed at his answer.

The Question about Rising from Death
(Mt 22.23–33; Mk 12.18–27)

²⁷Then some Sadducees, who say that people will not rise from death, came to Jesus and said, ²⁸"Teacher, Moses wrote this law for us: 'If a man dies and leaves a wife but no children, that man's brother must marry the widow so that they can have children who will be considered the dead man's children.' ²⁹Once there were seven brothers; the eldest got married and died without having children. ³⁰Then the second one married the woman, ³¹and then the third. The same thing happened to all seven — they died without having children. ³²Last of all, the woman died. ³³Now, on the day when the dead rise to life, whose wife will she be? All seven of them had married her."

³⁴Jesus answered them, "The men and women of this age marry, ³⁵but the men and women who are worthy to rise from death and live in the age to come will not then marry. ³⁶They will be like angels and cannot die. They are the children of God, because they have risen from death. ³⁷And Moses clearly proves that the dead are raised to life. In the passage about the burning bush he speaks of the Lord as 'the God of Abraham, the God of Isaac, and the God of Jacob.' ³⁸He is the God of the living, not of the dead, for to him all are alive."

³⁹Some of the teachers of the Law spoke up, "A good answer, Teacher!" ⁴⁰For they did not dare ask him any more questions.

The Question about the Messiah
(Mt 22.41–46; Mk 12.35–37)

⁴¹Jesus asked them, "How can it be said that the Messiah will be the descendant of David? ⁴²For David himself says in the book of Psalms,
'The Lord said to my Lord:
    Sit here on my right

⁴³   until I put your enemies as a footstool under your feet.'

20.27: Acts 23.8   20.28: Deut 25.5   20.37: Ex 3.6   20.42–43: Ps 110.1

⁴⁴Mae Dafydd yn ei alw'n 'Arglwydd'! Felly sut mae'n gallu bod yn fab iddo?"

Iesu a'r arbenigwyr yn y Gyfraith
(Mathew 23:1-36; Marc 12:38-40; Luc 11:37-54)

⁴⁵Tra roedd y bobl i gyd yn gwrando, dwedodd Iesu wrth ei ddisgyblion, ⁴⁶"Gwyliwch yr arbenigwyr yn y Gyfraith. Maen nhw wrth eu bodd yn cerdded o gwmpas yn swancio yn eu gwisgoedd swyddogol, ac yn hoffi cael pawb yn eu cyfarch ac yn talu sylw iddyn nhw yn sgwâr y farchnad. Mae'n rhaid iddyn nhw gael y seddi gorau yn y synagogau, ac eistedd ar y bwrdd uchaf mewn gwleddoedd. ⁴⁷Maen nhw'n dwyn popeth oddi ar wragedd gweddwon ac wedyn yn ceisio rhoi'r argraff eu bod nhw'n dduwiol gyda'u gweddïau hir! Bydd pobl fel nhw yn cael eu cosbi'n llym."

Rhodd y weddw
(Marc 12:41-44)

21 Pan oedd yn y deml, sylwodd Iesu ar y bobl gyfoethog yn rhoi arian yn y blychau casglu at drysorfa'r deml. ²Yna daeth gwraig weddw dlawd a rhoi dwy geiniog i mewn. ³"Credwch chi fi," meddai Iesu, "mae'r wraig weddw dlawd yna wedi rhoi mwy yn y blwch na neb arall. ⁴Newid mân oedd pawb arall yn ei roi, gan fod ganddyn nhw hen ddigon dros ben; ond yn ei thlodi rhoddodd y wraig yna y cwbl oedd ganddi i fyw arno."

Iesu'n siarad am ddinistrio'r deml
(Mathew 24:1-2; Marc 13:1-2)

⁵Roedd rhai o'i ddisgyblion yn tynnu sylw at waith cerrig hardd y deml a'r meini coffa oedd yn ei haddurno. Ond dyma Iesu'n dweud, ⁶"Mae'r amser yn dod pan fydd y cwbl welwch chi yma yn cael ei chwalu, a fydd dim un garreg wedi ei gadael yn ei lle."

Trafferthion ac Erledigaeth
(Mathew 24:3-14; Marc 13:3-13)

⁷A dyma nhw'n gofyn iddo, "Pryd mae hyn i gyd yn mynd i ddigwydd, Athro? Fydd unrhyw rybudd cyn i'r pethau yma ddigwydd?"

⁸Atebodd Iesu: "Gwyliwch fod neb yn eich twyllo chi. Bydd llawer yn dod yn hawlio fy awdurdod i, a dweud, 'Fi ydy'r Meseia' a 'Mae'r diwedd wedi dod'. Peidiwch eu dilyn nhw. ⁹Pan fyddwch yn clywed am ryfeloedd a chwyldroadau, peidiwch dychryn. Mae'r pethau yma'n siŵr o ddigwydd gyntaf, ond fydd diwedd y byd ddim yn digwydd yn syth wedyn."

⁴⁴David called him 'Lord'; how, then, can the Messiah be David's descendant?"

Jesus Warns against the Teachers of the Law
(Mt 23.1–36; Mk 12.38–40)

⁴⁵As all the people listened to him, Jesus said to his disciples, ⁴⁶"Be on your guard against the teachers of the Law, who like to walk about in their long robes and love to be greeted with respect in the market place; who choose the reserved seats in the synagogues and the best places at feasts; ⁴⁷who take advantage of widows and rob them of their homes, and then make a show of saying long prayers! Their punishment will be all the worse!"

The Widow's Offering
(Mk 12.41–44)

21 Jesus looked round and saw rich people dropping their gifts in the temple treasury, ²and he also saw a very poor widow dropping in two little copper coins. ³He said, "I tell you that this poor widow put in more than all the others. ⁴For the others offered their gifts from what they had to spare of their riches; but she, poor as she is, gave all she had to live on."

Jesus Speaks of the Destruction of the Temple
(Mt 24.1–2; Mk 13.1–2)

⁵Some of the disciples were talking about the Temple, how beautiful it looked with its fine stones and the gifts offered to God. Jesus said, ⁶"All this you see — the time will come when not a single stone here will be left in its place; every one will be thrown down."

Troubles and Persecutions
(Mt 24.3–14; Mk 13.3 13)

⁷"Teacher," they asked, "when will this be? And what will happen in order to show that the time has come for it to take place?"

⁸Jesus said, "Be on guard; don't be deceived. Many men, claiming to speak for me, will come and say, 'I am he!' and, 'The time has come!' But don't follow them. ⁹Don't be afraid when you hear of wars and revolutions; such things must happen first, but they do not mean that the end is near."

¹⁰Dwedodd wrthyn nhw, "Bydd gwledydd a llywodraethau yn rhyfela yn erbyn ei gilydd. ¹¹Bydd daeargrynfeydd mawr, a newyn a heintiau mewn gwahanol leoedd, a digwyddiadau dychrynllyd eraill ac arwyddion o'r nefoedd yn rhybuddio pobl.

¹²"Ond cyn i hyn i gyd ddigwydd, byddwch chi'n cael eich erlid a'ch cam-drin. Cewch eich llusgo o flaen y synagogau a'ch rhoi yn y carchar. Cewch eich cyhuddo o fod yn ddilynwyr i mi o flaen brenhinoedd a llywodraethwyr. ¹³Ond bydd y cwbl yn gyfle i chi dystio amdana i. ¹⁴Felly peidiwch poeni ymlaen llaw beth i'w ddweud wrth amddiffyn eich hunain. ¹⁵Bydda i'n rhoi'r geiriau iawn i chi. Fydd gan y rhai sy'n eich gwrthwynebu chi ddim ateb! ¹⁶Byddwch yn cael eich bradychu gan eich rhieni, eich brodyr a'ch chwiorydd, eich perthnasau eraill a'ch ffrindiau. Bydd rhai ohonoch chi yn cael eich lladd. ¹⁷Bydd pawb yn eich casáu chi am eich bod yn ddilynwyr i mi. ¹⁸Ond byddwch chi'n hollol saff;* ¹⁹wrth sefyll yn gadarn y cewch chi fywyd.

Iesu'n siarad am ddinistr Jerwsalem
(Mathew 24:15-21; Marc 13:14-19)

²⁰"Byddwch chi'n gwybod fod Jerwsalem ar fin cael ei dinistrio pan welwch chi fyddinoedd yn ei hamgylchynu. ²¹Bryd hynny dylai pawb sydd yn Jwdea ddianc i'r mynyddoedd. Dylai pawb ddianc o'r ddinas, a ddylai neb yng nghefn gwlad fynd yno i chwilio am loches. ²²Dyna pryd y bydd Duw yn ei chosbi, a bydd y cwbl mae'r ysgrifau sanctaidd yn ei ddweud am y peth yn dod yn wir. ²³Mor ofnadwy fydd hi ar wragedd beichiog a mamau sy'n magu plant bach bryd hynny! Bydd trybini mawr yn y tir, a bydd digofaint Duw ar y genedl. ²⁴Byddan nhw'n cael eu lladd gan y cleddyf neu'n cael eu symud i wledydd eraill yn garcharorion. Bydd pobl o genhedloedd eraill yn concro Jerwsalem a'i sathru dan draed hyd nes i amser y cenhedloedd hynny ddod i ben.

Mab y Dyn yn dod yn ôl
(Mathew 24:29-31; Marc 13:24-27)

²⁵"Bydd pethau rhyfedd yn digwydd yn yr awyr — arwyddion yn yr haul, y lleuad a'r sêr. Ar y ddaear bydd gwledydd mewn cynnwrf a ddim yn gwybod beth i'w wneud am fod y môr yn corddi a thonnau anferth yn codi. ²⁶Bydd pobl yn llewygu mewn dychryn wrth boeni am yr hyn sy'n mynd i ddigwydd i'r byd, achos bydd hyd yn oed y sêr a'r planedau yn ansefydlog. ²⁷Bryd hynny bydd pawb yn fy ngweld i, Mab y Dyn, yn dod mewn cymylau gyda grym ac

---

* *hollol saff:* Groeg, "Fydd dim un blewyn ar eich pen chi yn cael ei golli."
21:26 cyfeiriad at Eseia 34:4

^{10}He went on to say, "Countries will fight each other; kingdoms will attack one another. ^{11}There will be terrible earthquakes, famines, and plagues everywhere; there will be strange and terrifying things coming from the sky. ^{12}Before all these things take place, however, you will be arrested and persecuted; you will be handed over to be tried in synagogues and be put in prison; you will be brought before kings and rulers for my sake. ^{13}This will be your chance to tell the Good News. ^{14}Make up your minds beforehand not to worry about how you will defend yourselves, ^{15}because I will give you such words and wisdom that none of your enemies will be able to refute or contradict what you say. ^{16}You will be handed over by your parents, your brothers, your relatives, and your friends; and some of you will be put to death. ^{17}Everyone will hate you because of me. ^{18}But not a single hair from your heads will be lost. ^{19}Stand firm, and you will save yourselves.

Jesus Speaks of the Destruction of Jerusalem
(Mt 24.15–21; Mk 13.14–19)

^{20}"When you see Jerusalem surrounded by armies, then you will know that it will soon be destroyed. ^{21}Then those who are in Judea must run away to the hills; those who are in the city must leave, and those who are out in the country must not go into the city. ^{22}For those will be 'The Days of Punishment', to make all that the Scriptures say come true. ^{23}How terrible it will be in those days for women who are pregnant and for mothers with little babies! Terrible distress will come upon this land, and God's punishment will fall on this people. ^{24}Some will be killed by the sword, and others will be taken as prisoners to all countries; and the heathen will trample over Jerusalem until their time is up.

The Coming of the Son of Man
(Mt 24.29 31; Mk 13.24–27)

^{25}"There will be strange things happening to the sun, the moon, and the stars. On earth whole countries will be in despair, afraid of the roar of the sea and the raging tides. ^{26}People will faint from fear as they wait for what is coming over the whole earth, for the powers in space will be driven from their courses. ^{27}Then the Son

---

21.14–15: Lk 12.11–12   **21.22:** Hos 9.7   **21.25:** Is 13.10; Ezek 32.7; Joel 2.31; Rev 6.12–13
21.27: Dan 7.13; Rev 1.7

ysblander mawr. 28Pan fydd hyn i gyd yn dechrau digwydd, safwch ar eich traed a daliwch eich pennau'n uchel. Mae rhyddid ar ei ffordd!"

Gwers y Goeden Ffigys
(Mathew 24:32-35; Marc 13:28-31)

29Dyma fe'n darlunio'r peth fel yma: "Meddyliwch am y goeden ffigys a'r coed eraill i gyd. 30Pan maen nhw'n dechrau deilio dych chi'n gwybod fod yr haf yn agos. 31Felly'r un fath, pan fyddwch yn gweld y pethau yma'n digwydd, byddwch yn gwybod fod Duw ar fin dod i deyrnasu.

32"Credwch chi fi, bydd y genhedlaeth bresennol yn dal yma pan fydd hyn yn digwydd. 33Bydd yr awyr a'r ddaear yn diflannu, ond mae beth dw i'n ei ddweud yn aros am byth.

Gwyliwch!

34"Gwyliwch eich hunain! Peidiwch gwastraffu'ch bywydau yn gwneud dim byd ond joio, meddwi a phoeni am bethau materol, neu bydd y diwrnod hwnnw yn eich dal chi'n annisgwyl — 35bydd fel cael eich dal mewn trap. A bydd yn digwydd i bawb drwy'r byd i gyd. 36Cadwch eich llygaid yn agored! Gweddïwch y byddwch chi'n gallu osgoi'r pethau ofnadwy sy'n mynd i ddigwydd, ac y cewch chi sefyll o flaen Mab y Dyn."

37Roedd Iesu yn dysgu pobl yn y deml bob dydd, ac yna gyda'r hwyr yn mynd yn ôl i dreulio'r nos ar ochr Mynydd yr Olewydd. 38Yn gynnar bob bore roedd tyrfa o bobl yn casglu at ei gilydd i wrando arno yn y deml.

Jwdas yn cytuno i fradychu Iesu
(Mathew 26:1-5,14,16; Marc 14:1-2,10-11; Ioan 11:45-53)

22 Roedd hi'n agos at Ŵyl y Bara Croyw, sy'n dechrau gyda dathlu'r Pasg. 2Roedd y prif offeiriaid a'r arbenigwyr yn y Gyfraith yn dal i edrych am ffordd i gael gwared â Iesu. Ond roedd arnyn nhw ofn beth fyddai'r bobl yn ei wneud. 3Ond yna aeth Satan i mewn i Jwdas Iscariot, oedd yn un o'r deuddeg disgybl. 4Aeth Jwdas at y prif offeiriaid a swyddogion diogelwch y deml, i drafod sut y gallai fradychu Iesu iddyn nhw. 5Roedden nhw wrth eu bodd, a dyma nhw'n addo rhoi arian iddo. 6Cytunodd yntau a dechrau edrych am gyfle i fradychu Iesu iddyn nhw pan oedd y dyrfa ddim o gwmpas.

21:27 cyfeiriad at Daniel 7:13-14   **22:1** gw. Exodus 12:1-27

of Man will appear, coming in a cloud with great power and glory.
[28]When these things begin to happen, stand up and raise your
heads, because your salvation is near."

The Lesson of the Fig Tree
(Mt 24.32–35; Mk 13.28–31)

[29]Then Jesus told them this parable: "Think of the fig tree and all
the other trees. [30]When you see their leaves beginning to appear,
you know that summer is near. [31]In the same way, when you see
these things happening, you will know that the Kingdom of God is
about to come.

[32]"Remember that all these things will take place before the
people now living have all died. [33]Heaven and earth will pass away,
but my words will never pass away.

The Need to Watch

[34]"Be on your guard! Don't let yourselves become occupied with
too much feasting and drinking and with the worries of this life, or
that Day may suddenly catch you [35]like a trap. For it will come upon
all people everywhere on earth. [36]Be on the alert and pray always
that you will have the strength to go safely through all those things
that will happen and to stand before the Son of Man."

[37]Jesus spent those days teaching in the Temple, and when evening
came, he would go out and spend the night on the Mount of Olives.
[38]Early each morning all the people went to the Temple to listen to him.

The Plot against Jesus
(Mt 26.1–5; Mk 14.1–2; Jn 11.45–53)

22 The time was near for the Festival of Unleavened Bread,
which is called the Passover. [2]The chief priests and the
teachers of the Law were afraid of the people, and so they were
trying to find a way of putting Jesus to death secretly.

Judas Agrees to Betray Jesus
(Mt 26.14–16; Mk 14.10–11)

[3]Then Satan entered Judas, called Iscariot, who was one of the
twelve disciples. [4]So Judas went off and spoke with the chief priests
and the officers of the temple guard about how he could betray
Jesus to them. [5]They were pleased and offered to pay him money.
[6]Judas agreed to it and started looking for a good chance to hand
Jesus over to them without the people knowing about it.

Paratoi Swper y Pasg
(Mathew 26:17-25; Marc 14:12-21; Ioan 13:21-30)

[7]Daeth diwrnod cyntaf Gŵyl y Bara Croyw (hynny ydy, y diwrnod pan roedd rhaid aberthu oen y Pasg). [8]Dyma Iesu'n anfon Pedr ac Ioan yn eu blaenau i wneud y trefniadau. "Ewch i baratoi swper y Pasg i ni, er mwyn i ni i gyd gael bwyta gyda'n gilydd," meddai wrthyn nhw.

[9]"Ble rwyt ti am i ni fynd i'w baratoi?" medden nhw wrtho.

[10]Atebodd e, "Wrth i chi fynd i mewn i'r ddinas bydd dyn yn dod i'ch cyfarfod yn cario llestr dŵr. Ewch ar ei ôl [11]i mewn i'r tŷ y bydd yn mynd iddo, a gofyn i'r perchennog, 'Mae'r athro eisiau gwybod ble mae'r ystafell westai, iddo ddathlu'r Pasg gyda'i ddisgyblion.' [12]Bydd yn mynd â chi i fyny'r grisiau i ystafell fawr wedi ei pharatoi'n barod. Gwnewch swper i ni yno."

[13]I ffwrdd â nhw, a digwyddodd popeth yn union fel roedd Iesu wedi dweud. Felly dyma nhw'n paratoi swper y Pasg yno.

Y Swper Olaf
(Mathew 26:26–30; Marc 14:22–26; 1 Corinthiaid 11:23–25)

[14]Yn gynnar y noson honno eisteddodd Iesu wrth y bwrdd, a'i apostolion gydag e. [15]Meddai wrthyn nhw, "Dw i wedi edrych ymlaen yn fawr at gael bwyta'r swper Pasg yma gyda chi cyn i mi ddioddef. [16]Dw i'n dweud wrthoch chi y bydda i ddim yn ei fwyta eto nes i'r cwbl gael ei gyflawni pan ddaw Duw i deyrnasu."

[17]Yna cymerodd gwpan o win, adrodd gweddi o ddiolch, ac yna dweud wrth ei ddisgyblion, "Cymerwch hwn a'i rannu rhyngoch. [18]Dw i'n dweud wrthoch chi, fydda i ddim yn yfed gwin eto nes i Dduw ddod i deyrnasu."

[19]Yna cymerodd dorth o fara, ac yna, ar ôl adrodd y weddi o ddiolch, ei thorri a'i rhannu i'w ddisgyblion. "Dyma fy nghorff i, sy'n cael ei roi drosoch chi. Gwnewch hyn i gofio amdana i."

[20]Wedyn ar ôl bwyta swper gafaelodd yn y cwpan eto, a dweud, "Mae'r cwpan yma'n cynrychioli'r ymrwymiad newydd drwy fy ngwaed i, sy'n cael ei dywallt ar eich rhan chi. [21]Ond mae'r un sy'n mynd i mradychu i yn eistedd wrth y bwrdd yma gyda mi. [22]Rhaid i mi, Mab y Dyn, farw fel mae wedi ei drefnu, ond gwae'r un sy'n mynd i'm bradychu i!" [23]Yna dechreuodd y disgyblion drafod pwy ohonyn nhw fyddai'n gwneud y fath beth.

22:20 gw. Jeremeia 31:31-34   **22:21** gw. Salm 41:9

Jesus Prepares to Eat the Passover Meal
(Mt 26.17–25; Mk 14.12–21; Jn 13.21–30)

[7]The day came during the Festival of Unleavened Bread when the lambs for the Passover meal were to be killed. [8]Jesus sent off Peter and John with these instructions: "Go and get the Passover meal ready for us to eat."

[9]"Where do you want us to get it ready?" they asked him.
[10]He answered, "As you go into the city, a man carrying a jar of water will meet you. Follow him into the house that he enters, [11]and say to the owner of the house: 'The Teacher says to you, Where is the room where my disciples and I will eat the Passover meal?' [12]He will show you a large furnished room upstairs, where you will get everything ready."
[13]They went off and found everything just as Jesus had told them, and they prepared the Passover meal.

The Lord's Supper
(Mt 26.26–30; Mk 14.22–26; 1 Cor 11.23–25)

[14]When the hour came, Jesus took his place at the table with the apostles. [15]He said to them, "I have wanted so much to eat this Passover meal with you before I suffer! [16]For I tell you, I will never eat it until it is given its full meaning in the Kingdom of God."

[17]Then Jesus took a cup, gave thanks to God, and said, "Take this and share it among yourselves. [18]I tell you that from now on I will not drink this wine until the Kingdom of God comes."

[19]Then he took a piece of bread, gave thanks to God, broke it, and gave it to them, saying, "This is my body, which is given for you. Do this in memory of me." [20]In the same way, he gave them the cup after the supper, saying, "This cup is God's new covenant sealed with my blood, which is poured out for you.*

[21]"But, look! The one who betrays me is here at the table with me! [22]The Son of Man will die as God has decided, but how terrible for that man who betrays him!"
[23]Then they began to ask among themselves which one of them it could be who was going to do this.

---

* Some manuscripts do not have the words of Jesus after *This is my body* in verse 19, and all of verse 20.
22.20: Jer 31.31–34   **22.21:** Ps 41.9

Y ddadl am pwy oedd y pwysica

²⁴Ond yna dyma ddadl yn codi yn eu plith nhw ynglŷn â pha un ohonyn nhw oedd y pwysica. ²⁵Felly dwedodd Iesu wrthyn nhw, "Mae brenhinoedd y cenhedloedd yn ei lordio hi dros bobl; ac mae pobl fawr eraill sy'n hoffi dangos eu hawdurdod yn cael teitlau fel 'Cyfaill y bobl'! ²⁶Ond dim fel yna dylech chi fod. Dylai'r pwysica ohonoch chi ymddwyn fel y person lleia pwysig, a dylai'r un sy'n arwain fod fel un sy'n gwasanaethu. ²⁷Pwy ydy'r pwysica fel arfer? Ai'r sawl sy'n eistedd wrth y bwrdd neu'r sawl sy'n gwasanaethu? Y sawl sy'n eistedd wrth y bwrdd wrth gwrs! Ond dw i yma fel un sy'n gwasanaethu.

²⁸"Dych chi wedi sefyll gyda mi drwy'r treialon, ²⁹a dw i'n mynd i roi hawl i chi deyrnasu yn union fel gwnaeth y Tad ei roi i mi. ³⁰Cewch chi fwyta ac yfed wrth fy mwrdd i pan fydda i'n teyrnasu, a byddwch yn eistedd ar orseddau i farnu deuddeg llwyth gwlad Israel.

Disgyblion Iesu'n cael eu profi

(Mathew 26:31-35; Marc 14:27-31; Ioan 13:36-38)

³¹"Simon, Simon — mae Satan wedi bod eisiau eich cymryd chi i gyd i'ch ysgwyd a'ch profi chi fel mae us yn cael ei wahanu oddi wrth y gwenith. ³²Ond dw i wedi gweddïo drosot ti, Simon, y byddi di ddim yn colli dy ffydd. Felly pan fyddi di wedi troi'n ôl dw i eisiau i ti annog a chryfhau'r lleill."

³³"Ond Arglwydd," meddai Pedr, "dw i'n fodlon mynd i'r carchar neu hyd yn oed farw drosot ti!"

³⁴"Pedr," meddai'r Arglwydd wrtho, "gwranda'n ofalus ar beth dw i'n ei ddweud. Cyn i'r ceiliog ganu bore fory byddi di wedi gwadu dair gwaith dy fod di hyd yn oed yn fy nabod i."

Pwrs, bag a chleddyf

³⁵Wedyn dyma Iesu'n gofyn i'w ddisgyblion, "Pan wnes i'ch anfon chi allan heb bwrs na bag teithio na sandalau sbâr, fuoch chi'n brin o gwbl?"

"Naddo," medden nhw.

³⁶Yna dwedodd wrthyn nhw, "Ond nawr, ewch â'ch pwrs a'ch bag gyda chi; ac os oes gynnoch chi ddim cleddyf, gwerthwch eich côt i brynu un. ³⁷Mae'r broffwydoliaeth sy'n dweud, *'Roedd yn cael ei ystyried yn un o'r gwrthryfelwyr'*, yn mynd i ddod yn wir. Ydy, mae'r cwbl sydd wedi ei ysgrifennu amdana i yn yr ysgrifau sanctaidd yn mynd i ddod yn wir."

The Argument about Greatness

²⁴An argument broke out among the disciples as to which one of them should be thought of as the greatest. ²⁵Jesus said to them, "The kings of the pagans have power over their people, and the rulers claim the title 'Friends of the People'. ²⁶But this is not the way it is with you; rather, the greatest one among you must be like the youngest, and the leader must be like the servant. ²⁷Who is greater, the one who sits down to eat or the one who serves? The one who sits down, of course. But I am among you as one who serves.

²⁸"You have stayed with me all through my trials; ²⁹and just as my Father has given me the right to rule, so I will give you the same right. ³⁰You will eat and drink at my table in my Kingdom, and you will sit on thrones to rule over the twelve tribes of Israel.

Jesus Predicts Peter's Denial
(Mt 26.31–35; Mk 14.27–31; Jn 13.36–38)

³¹"Simon, Simon! Listen! Satan has received permission to test all of you, to separate the good from the bad, as a farmer separates the wheat from the chaff. ³²But I have prayed for you, Simon, that your faith will not fail. And when you turn back to me, you must strengthen your brothers."

³³Peter answered, "Lord, I am ready to go to prison with you and to die with you!"

³⁴"I tell you, Peter," Jesus said, "the cock will not crow tonight until you have said three times that you do not know me."

Purse, Bag, and Sword

³⁵Then Jesus asked his disciples, "When I sent you out that time without purse, bag, or shoes, did you lack anything?"

"Not a thing," they answered.

³⁶"But now," Jesus said, "whoever has a purse or a bag must take it; and whoever has no sword must sell his coat and buy one. ³⁷For I tell you that the scripture which says, 'He shared the fate of criminals,' must come true about me, because what was written about me is coming true."

22.24: Mt 18.1; Mk 9.34; Lk 9.46   22.25–26: Mt 20.25–27; Mk 10.42–44
22.26: Mt 23.11; Mk 9.35   22.27: Jn 13.12–15   22.30: Mt 19.28
22.35: Mt 10.9–10; Mk 6.8–9; Lk 9.3; 10.4   22.37: Is 53.12

³⁸"Edrych, Arglwydd," meddai'r disgyblion, "mae gynnon ni ddau gleddyf yn barod!"

"Dyna ddigon!" meddai.

Iesu'n gweddïo ar Fynydd yr Olewydd
(Mathew 26:36-46; Marc 14:32-42)

³⁹Dyma Iesu'n mynd allan i Fynydd yr Olewydd eto, fel roedd wedi gwneud bob nos. Ac aeth ei ddisgyblion ar ei ôl. ⁴⁰Pan gyrhaeddodd lle roedd yn mynd, dwedodd wrthyn nhw, "Gweddïwch y byddwch chi ddim yn syrthio pan gewch chi'ch profi." ⁴¹Yna aeth yn ei flaen dafliad carreg, a mynd ar ei liniau a dechrau gweddïo, ⁴²"Dad, os wyt ti'n fodlon, cymer y cwpan chwerw yma oddi arna i. Ond paid gwneud beth dw i eisiau, gwna beth rwyt ti eisiau." ⁴³Yna gwelodd angel o'r nefoedd, ac roedd yr angel yn ei annog ac yn cryfhau ei benderfyniad. ⁴⁴Gweddïodd yn fwy taer, ond gan ei fod mewn cymaint o boen meddwl, roedd ei chwys yn disgyn ar lawr fel dafnau o waed.

⁴⁵Pan gododd ar ei draed a mynd yn ôl at ei ddisgyblion roedden nhw'n cysgu. Roedd tristwch yn eu llethu nhw. ⁴⁶Gofynnodd iddyn nhw, "Pam dych chi'n cysgu? Codwch ar eich traed, a gweddïwch y byddwch chi ddim yn syrthio pan gewch chi'ch profi."

Arestio Iesu
(Mathew 26:47-56; Marc 14:43-50; Ioan 18:3-11)

⁴⁷Wrth iddo ddweud hyn, dyma dyrfa yn dod ato. Jwdas, un o'r deuddeg disgybl oedd yn eu harwain, ac aeth at Iesu i'w gyfarch â chusan. ⁴⁸Ond dyma Iesu'n gofyn iddo, "Wyt ti'n bradychu Mab y Dyn â chusan?"

⁴⁹Pan sylweddolodd dilynwyr Iesu beth oedd ar fin digwydd, dyma nhw'n gweiddi, "Arglwydd, wyt ti eisiau i ni ymladd gyda'r cleddyfau yma?" ⁵⁰A dyma un ohonyn nhw yn taro gwas yr archoffeiriad, a thorri ei glust dde i ffwrdd.

⁵¹"Stopiwch! Dyna ddigon!" meddai Iesu. Yna cyffyrddodd glust y dyn a'i iacháu.

⁵²Yna dwedodd wrth y prif offeiriaid, swyddogion diogelwch y deml a'r arweinwyr eraill oedd wedi dod i'w ddal, "Ydw i'n arwain gwrthryfel neu rywbeth? Ai dyna pam mae angen y cleddyfau a'r pastynau yma? ⁵³Pam na ddalioch chi fi yn y deml? Roeddwn i yno gyda chi bob dydd! Ond dyma'ch cyfle chi — yr amser pan mae pwerau'r tywyllwch yn rheoli."

³⁸The disciples said, "Look! Here are two swords, Lord!"
"That is enough!"* he replied.

Jesus Prays on the Mount of Olives
(Mt 26.36–46; Mk 14.32–42)
³⁹Jesus left the city and went, as he usually did, to the Mount of Olives; and the disciples went with him. ⁴⁰When he arrived at the place, he said to them, "Pray that you will not fall into temptation."
⁴¹Then he went off from them about the distance of a stone's throw and knelt down and prayed. ⁴²"Father," he said, "if you will, take this cup of suffering away from me. Not my will, however, but your will be done." ⁴³An angel from heaven appeared to him and strengthened him. ⁴⁴In great anguish he prayed even more fervently; his sweat was like drops of blood falling to the ground.*

⁴⁵Rising from his prayer, he went back to the disciples and found them asleep, worn out by their grief. ⁴⁶He said to them, "Why are you sleeping? Get up and pray that you will not fall into temptation."

The Arrest of Jesus
(Mt 26.47–56; Mk 14.43–50; Jn 18.3–11)
⁴⁷Jesus was still speaking when a crowd arrived, led by Judas, one of the twelve disciples. He came up to Jesus to kiss him. ⁴⁸But Jesus said, "Judas, is it with a kiss that you betray the Son of Man?"

⁴⁹When the disciples who were with Jesus saw what was going to happen, they asked, "Shall we use our swords, Lord?" ⁵⁰And one of them struck the High Priest's slave and cut off his right ear.

⁵¹But Jesus said, "Enough of this!" He touched the man's ear and healed him.
⁵²Then Jesus said to the chief priests and the officers of the temple guard and the elders who had come there to get him, "Did you have to come with swords and clubs, as though I were an outlaw? ⁵³I was with you in the Temple every day, and you did not try to arrest me. But this is your hour to act, when the power of darkness rules."

....

* *That is enough;* or *Enough of this.*
* Some manuscripts do not have verses 43–44.
22.53: Lk 19.47; 21.37

Pedr yn gwadu ei fod yn nabod Iesu

(Mathew 26:57-58,69-75; Marc 14:53-54,66-72; Ioan 18:12-18,25-27)

[54]Dyma nhw'n gafael ynddo, a mynd ag e i dŷ'r archoffeiriad. Roedd Pedr yn eu dilyn o bell. [55]Ond yna ar ôl iddyn nhw gynnau tân yng nghanol yr iard dyma Pedr yn mynd yno ac yn eistedd gyda nhw. [56]Dyma un o'r morynion yn sylwi ei fod yn eistedd yno. Edrychodd hi'n ofalus arno yng ngolau'r tân, ac yna dweud, "Roedd y dyn yma gyda Iesu!"

[57]Ond gwadu wnaeth Pedr. "Dw i ddim yn nabod y dyn, ferch!" meddai.

[58]Yna ychydig yn ddiweddarach dyma rywun arall yn sylwi arno ac yn dweud, "Rwyt ti'n un ohonyn nhw!"

"Na dw i ddim!" atebodd Pedr.

[59]Yna ryw awr yn ddiweddarach dyma rywun arall eto yn dweud, "Does dim amheuaeth fod hwn gyda Iesu; mae'n amlwg ei fod yn dod o Galilea."

[60]Atebodd Pedr, "Does gen i ddim syniad am beth rwyt ti'n sôn, ddyn!" A dyma'r ceiliog yn canu wrth iddo ddweud y peth. [61]Dyma'r Arglwydd Iesu yn troi ac yn edrych yn syth ar Pedr. Yna cofiodd Pedr beth roedd yr Arglwydd wedi ei ddweud: "Byddi di wedi gwadu dy fod yn fy nabod i dair gwaith cyn i'r ceiliog ganu." [62]Aeth allan yn beichio crïo.

Y milwyr yn gwatwar Iesu

(Mathew 26:67-68; Marc 14:65)

[63]Dyma'r milwyr oedd yn cadw Iesu yn y ddalfa yn dechrau gwneud hwyl ar ei ben a'i guro. [64]Dyma nhw'n rhoi mwgwd arno ac yna ei daro a dweud wrtho, "Tyrd, Proffwyda! Pwy wnaeth dy daro di y tro yna?" [65]Roedden nhw'n ei regi ac yn hyrddio pob math o enllibion ato.

Iesu o flaen y Sanhedrin

(Mathew 26:59-66; Marc 14:55-64; Ioan 18:19-24)

[66]Pan oedd hi'n gwawrio dyma'r Sanhedrin yn cyfarfod, hynny ydy, yr arweinwyr oedd yn brif-offeiriaid neu'n arbenigwyr yn y Gyfraith. A dyma Iesu'n cael ei osod o'u blaenau nhw. [67]"Dywed wrthon ni ai ti ydy'r Meseia," medden nhw. Atebodd Iesu, "Fyddech chi ddim yn credu taswn i yn dweud. [68]A taswn i'n gofyn y cwestiwn i chi, wnaech chi ddim ateb. [69]Ond o hyn ymlaen, bydd Mab y Dyn yn llywodraethu gyda'r* Duw grymus."

....

* *yn llywodraethu gyda'r* Groeg, "eistedd ar ochr dde"

Peter Denies Jesus

(Mt 26.57–58, 69–75; Mk 14.53–54, 66–72; Jn 18.12–18, 25–27)

⁵⁴They arrested Jesus and took him away into the house of the High Priest; and Peter followed at a distance. ⁵⁵A fire had been lit in the centre of the courtyard, and Peter joined those who were sitting round it. ⁵⁶When one of the servant women saw him sitting there at the fire, she looked straight at him and said, "This man too was with Jesus!"

⁵⁷But Peter denied it, "Woman, I don't even know him!"

⁵⁸After a little while a man noticed Peter and said, "You are one of them, too!"

But Peter answered, "Man, I am not!"

⁵⁹And about an hour later another man insisted strongly, "There isn't any doubt that this man was with Jesus, because he also is a Galilean!"

⁶⁰But Peter answered, "Man, I don't know what you are talking about!"

At once, while he was still speaking, a cock crowed. ⁶¹The Lord turned round and looked straight at Peter, and Peter remembered that the Lord had said to him, "Before the cock crows tonight, you will say three times that you do not know me." ⁶²Peter went out and wept bitterly.

Jesus is Mocked and Beaten

(Mt 26.67–68; Mk 14.65)

⁶³The men who were guarding Jesus mocked him and beat him. ⁶⁴They blindfolded him and asked him, "Who hit you? Guess!" ⁶⁵And they said many other insulting things to him.

Jesus is Brought before the Council

(Mt 26.59–66; Mk 14.55–64; Jn 18.19–24)

⁶⁶When day came, the elders, the chief priests, and the teachers of the Law met together, and Jesus was brought before the Council. ⁶⁷"Tell us," they said, "are you the Messiah?"

He answered, "If I tell you, you will not believe me; ⁶⁸and if I ask you a question, you will not answer. ⁶⁹But from now on the Son of Man will be seated on the right of Almighty God."

70"Felly wyt ti'n dweud mai ti ydy Mab Duw?" medden nhw gyda'i gilydd.

"Chi sydd wedi dweud y peth," meddai.

71A dyma nhw'n dweud, "Pam mae angen tystiolaeth bellach? Dŷn ni wedi ei glywed yn dweud y peth ei hun."

Peilat yn croesholi Iesu
(Mathew 27:1,2,11-14; Marc 15:1-5; Ioan 18:28-38)

23 Yna dyma nhw i gyd yn codi a mynd ag e at Peilat. 2Dyma nhw'n dechrau dadlau eu hachos yn ei erbyn, "Mae'r dyn yma wedi bod yn camarwain ein pobl. Mae'n gwrthwynebu talu trethi i lywodraeth Rhufain, ac mae'n honni mai fe ydy'r brenin, y Meseia."

3Felly dyma Peilat yn dweud wrth Iesu, "Felly, ti ydy Brenin yr Iddewon, ie?"

"Ti sy'n dweud," atebodd Iesu.

4Yna dyma Peilat yn troi at y prif offeiriaid a'r dyrfa ac yn cyhoeddi, "Dw i ddim yn credu fod unrhyw sail i ddwyn cyhuddiad yn erbyn y dyn yma."

5Ond roedden nhw'n benderfynol, "Mae'n creu helynt drwy Jwdea i gyd wrth ddysgu'r bobl. Dechreuodd yn Galilea, a nawr mae wedi dod yma."

6"Felly un o Galilea ydy e?" meddai Peilat. 7Pan sylweddolodd hynny, anfonodd Iesu at Herod Antipas, gan ei fod yn dod o'r ardal oedd dan awdurdod Herod. (Roedd Herod yn digwydd bod yn Jerwsalem ar y pryd.)

Iesu o flaen Herod

8Roedd Herod wrth ei fodd ei fod yn cael cyfle i weld Iesu. Roedd wedi clywed amdano ers amser maith, ac wedi bod yn gobeithio cael ei weld yn gwneud rhywbeth gwyrthiol. 9Gofynnodd un cwestiwn ar ôl y llall i Iesu, ond roedd Iesu'n gwrthod ateb. 10A dyna lle roedd y prif offeiriaid a'r arbenigwyr yn y Gyfraith yn ei gyhuddo'n ffyrnig. 11Yna dyma Herod a'i filwyr yn dechrau gwneud hwyl am ei ben a'i sarhau. Dyma nhw'n ei wisgo mewn mantell grand, a'i anfon yn ôl at Peilat. 12Cyn i hyn i gyd ddigwydd roedd Herod a Peilat wedi bod yn elynion, ond dyma nhw'n dod yn ffrindiau y diwrnod hwnnw.

Dedfrydu Iesu i farwolaeth
(Mathew 27:15-26; Marc 15:6-15; Ioan 18:39—19:16)

13Dyma Peilat yn galw'r prif offeiriaid a'r arweinwyr eraill, a'r bobl at ei gilydd, 14a chyhoeddi ei ddedfryd: "Daethoch â'r dyn yma i sefyll

⁷⁰They all said, "Are you, then, the Son of God?"
He answered them, "You say that I am."

⁷¹And they said, "We don't need any witnesses! We ourselves have heard what he said!"

Jesus is Brought before Pilate

(Mt 27.1–2, 11–14; Mk 15.1–5; Jn 18.28–38)

23 The whole group rose up and took Jesus before Pilate, ²where they began to accuse him: "We caught this man misleading our people, telling them not to pay taxes to the Emperor and claiming that he himself is the Messiah, a king."

³Pilate asked him, "Are you the king of the Jews?"

"So you say," answered Jesus.

⁴Then Pilate said to the chief priests and the crowds, "I find no reason to condemn this man."

⁵But they insisted even more strongly, "With his teaching he is starting a riot among the people all through Judea. He began in Galilee and now has come here."

Jesus is Sent to Herod

⁶When Pilate heard this, he asked, "Is this man a Galilean?" ⁷When he learnt that Jesus was from the region ruled by Herod, he sent him to Herod, who was also in Jerusalem at that time. ⁸Herod was very pleased when he saw Jesus, because he had heard about him and had been wanting to see him for a long time. He was hoping to see Jesus perform some miracle. ⁹So Herod asked Jesus many questions, but Jesus made no answer. ¹⁰The chief priests and the teachers of the Law stepped forward and made strong accusations against Jesus. ¹¹Herod and his soldiers mocked Jesus and treated him with contempt; then they put a fine robe on him and sent him back to Pilate. ¹²On that very day Herod and Pilate became friends; before this they had been enemies.

Jesus is Sentenced to Death

(Mt 27.15–26; Mk 15.6–15; Jn 18.39—19.16)

¹³Pilate called together the chief priests, the leaders, and the people, ¹⁴and said to them, "You brought this man to me and said

ei brawf ar y cyhuddiad o fod yn arwain gwrthryfel. Dw i wedi ei groesholi o'ch blaen chi i gyd, a dw i'n ei gael yn ddieuog o'r holl gyhuddiadau. [15]Ac mae'n amlwg fod Herod wedi dod i'r un casgliad gan ei fod wedi ei anfon yn ôl yma. Dydy e ddim wedi gwneud unrhyw beth i haeddu marw. [16]Felly dysga i wers iddo â'r chwip ac yna ei ollwng yn rhydd."[*]

[18]Dyma nhw i gyd yn gweiddi gyda'i gilydd, "Lladda fe! Gollwng Barabbas yn rhydd!" [19](Roedd Barabbas yn y carchar am godi terfysg yn Jerwsalem ac am lofruddiaeth.)

[20]Dyma Peilat yn eu hannerch nhw eto. Roedd e eisiau gollwng Iesu yn rhydd. [21]Ond roedden nhw wedi dechrau gweiddi drosodd a throsodd, "Croeshoelia fe! Croeshoelia fe!"

[22]Gofynnodd iddyn nhw'r drydedd waith, "Pam? Beth mae wedi ei wneud o'i le? Dydy'r dyn ddim yn euog o unrhyw drosedd sy'n haeddu dedfryd o farwolaeth! Felly dysga i wers iddo â'r chwip ac yna ei ollwng yn rhydd."

[23]Ond roedd y dyrfa'n gweiddi'n uwch ac yn uwch, ac yn mynnu fod rhaid i Iesu gael ei groeshoelio, ac yn y diwedd cawson nhw eu ffordd. [24]Dyma Peilat yn penderfynu rhoi beth roedden nhw eisiau iddyn nhw. [25]Rhyddhaodd Barabbas, y dyn oedd yn y carchar am derfysg a llofruddiaeth, a dedfrydu Iesu i farwolaeth fel roedden nhw eisiau iddo wneud.

Y Croeshoelio
(Mathew 27:31-44; Marc 15:21-32; Ioan 19:17-27)

[26]Wrth iddyn nhw arwain Iesu i ffwrdd roedd Simon o Cyrene ar ei ffordd i mewn i'r ddinas, a dyma nhw'n ei orfodi i gario croes Iesu. [27]Roedd tyrfa fawr o bobl yn ei ddilyn, gan gynnwys nifer o wragedd yn galaru ac wylofain. [28]Ond dyma Iesu'n troi ac yn dweud wrthyn nhw, "Ferched Jerwsalem, peidiwch crïo drosto i; crïwch drosoch eich hunain a'ch plant. [29]Mae'r amser yn dod pan fyddwch yn dweud, 'Mae'r gwragedd hynny sydd heb blant wedi eu bendithio'n fawr! — y rhai sydd erioed wedi cario plentyn yn y groth na bwydo plentyn ar y fron.' [30]A *'byddan nhw'n dweud wrth y mynyddoedd,*
"Syrthiwch arnon ni!"
ac wrth y bryniau,
"Cuddiwch ni!"'
[31]Os ydy hyn yn cael ei wneud i'r goeden sy'n llawn dail, beth fydd yn digwydd i'r un sydd wedi marw?"

---

[*] *ei ollwng yn rhydd:* Mae rhai llawysgrifau yn ychwanegu adn.17, *Roedd e'n arfer gollwng un carcharor yn rhydd adeg Gŵyl y Pasg.*
23:30 cyfeiriad at Hosea 10:8   **23:31** cyfeiriad at Eseciel 20:46-47

that he was misleading the people. Now, I have examined him here in your presence, and I have not found him guilty of any of the crimes you accuse him of. [15]Nor did Herod find him guilty, for he sent him back to us. There is nothing this man has done to deserve death. [16]So I will have him whipped and let him go."*

[18]The whole crowd cried out, "Kill him! Set Barabbas free for us!" [19](Barabbas had been put in prison for a riot that had taken place in the city, and for murder.)

[20]Pilate wanted to set Jesus free, so he appealed to the crowd again. [21]But they shouted back, "Crucify him! Crucify him!"

[22]Pilate said to them the third time, "But what crime has he committed? I cannot find anything he has done to deserve death! I will have him whipped and set him free."

[23]But they kept on shouting at the top of their voices that Jesus should be crucified, and finally their shouting succeeded. [24]So Pilate passed the sentence on Jesus that they were asking for. [25]He set free the man they wanted, the one who had been put in prison for riot and murder, and he handed Jesus over for them to do as they wished.

Jesus is Crucified
(Mt 27.32–44; Mk 15.21–32; Jn 19.17–27)
[26]The soldiers led Jesus away, and as they were going, they met a man from Cyrene named Simon who was coming into the city from the country. They seized him, put the cross on him, and made him carry it behind Jesus.

[27]A large crowd of people followed him; among them were some women who were weeping and wailing for him. [28]Jesus turned to them and said, "Women of Jerusalem! Don't cry for me, but for yourselves and your children. [29]For the days are coming when people will say, 'How lucky are the women who never had children, who never bore babies, who never nursed them!' [30]That will be the time when people will say to the mountains, 'Fall on us!' and to the hills, 'Hide us!' [31]For if such things as these are done when the wood is green, what will happen when it is dry?"

---

* Some manuscripts add verse 17: *At every Passover Festival Pilate had to set free one prisoner for them* (see Mk 15.6).
23.30: Hos 10.8; Rev 6.16

³²Roedd dau ddyn arall oedd yn droseddwyr yn cael eu harwain allan i gael eu dienyddio gyda Iesu. ³³Felly ar ôl iddyn nhw gyrraedd y lle sy'n cael ei alw 'Y Benglog', dyma nhw'n hoelio Iesu ar groes a'r ddau droseddwr arall un bob ochr iddo. ³⁴Ond yr hyn ddwedodd Iesu oedd, "Dad, maddau iddyn nhw. Dyn nhw ddim yn gwybod beth maen nhw'n ei wneud." A dyma'r milwyr yn gamblo i weld pwy fyddai'n cael ei ddillad.

³⁵Roedd y bobl yno'n gwylio'r cwbl, a'r arweinwyr yn chwerthin ar ei ben a'i wawdio. "Roedd e'n achub pobl eraill," medden nhw, "felly gadewch iddo'i achub ei hun, os mai fe ydy'r Meseia mae Duw wedi ei ddewis!"

³⁶Roedd y milwyr hefyd yn gwneud sbort am ei ben. Roedden nhw'n cynnig gwin sur rhad iddo ³⁷ac yn dweud, "Achub dy hun os mai ti ydy Brenin yr Iddewon!" ³⁸Achos roedd arwydd uwch ei ben yn dweud: DYMA FRENIN YR IDDEWON.

³⁹A dyma un o'r troseddwyr oedd yn hongian yno yn dechrau ei regi hefyd: "Onid ti ydy'r Meseia? Achub dy hun, a ninnau hefyd!" ⁴⁰Ond dyma'r troseddwr arall yn ei geryddu. "Does arnat ti ddim ofn Duw a thithau ar fin marw hefyd? ⁴¹Dŷn ni'n haeddu cael ein cosbi am yr hyn wnaethon ni. Ond wnaeth hwn ddim byd o'i le." ⁴²Yna meddai, "Iesu, cofia amdana i pan fyddi di'n teyrnasu."

⁴³Dyma Iesu'n ateb, "Wir i ti — cei di ddod gyda mi i baradwys heddiw."

Iesu'n marw
(Mathew 27:45-56; Marc 15:33-41; Ioan 19:28-30)

⁴⁴Roedd hi tua chanol dydd erbyn hyn, ac aeth yn hollol dywyll drwy'r wlad i gyd hyd dri o'r gloch y p'nawn. ⁴⁵Roedd fel petai golau'r haul wedi diffodd! Dyna pryd wnaeth y llen hir oedd yn hongian yn y deml rwygo yn ei hanner. ⁴⁶A dyma Iesu'n gweiddi'n uchel, "Dad, *dw i'n rhoi fy ysbryd yn dy ddwylo di,*" ac ar ôl dweud hynny stopiodd anadlu a marw.

⁴⁷Pan welodd y capten milwrol oedd yno beth ddigwyddodd, dechreuodd foli Duw a dweud, "Roedd y dyn yma'n siŵr o fod yn ddieuog!" ⁴⁸A phan welodd y dyrfa oedd yno beth ddigwyddodd, dyma nhw'n troi am adre'n galaru. ⁴⁹Ond arhosodd ei ffrindiau agos i wylio o bell beth oedd yn digwydd — gan gynnwys y gwragedd oedd wedi ei ddilyn o Galilea.

³²Two other men, both of them criminals, were also led out to be put to death with Jesus. ³³When they came to the place called "The Skull", they crucified Jesus there, and the two criminals, one on his right and the other on his left. ³⁴Jesus said, "Forgive them, Father! They don't know what they are doing."*

They divided his clothes among themselves by throwing dice. ³⁵The people stood there watching while the Jewish leaders jeered at him: "He saved others; let him save himself if he is the Messiah whom God has chosen!"

³⁶The soldiers also mocked him: they came up to him and offered him cheap wine, ³⁷and said, "Save yourself if you are the king of the Jews!"

³⁸Above him were written these words: "This is the King of the Jews."

³⁹One of the criminals hanging there hurled insults at him: "Aren't you the Messiah? Save yourself and us!"

⁴⁰The other one, however, rebuked him, saying, "Don't you fear God? You received the same sentence he did. ⁴¹Ours, however, is only right, because we are getting what we deserve for what we did; but he has done no wrong." ⁴²And he said to Jesus, "Remember me, Jesus, when you come as King!"

⁴³Jesus said to him, "I promise you that today you will be in Paradise with me."

The Death of Jesus
(Mt 27.45–56; Mk 15.33–41; Jn 19.28–30)

⁴⁴⁻⁴⁵It was about twelve o'clock when the sun stopped shining and darkness covered the whole country until three o'clock; and the curtain hanging in the Temple was torn in two. ⁴⁶Jesus cried out in a loud voice, "Father! In your hands I place my spirit!" He said this and died.

⁴⁷The army officer saw what had happened, and he praised God, saying, "Certainly he was a good man!"

⁴⁸When the people who had gathered there to watch the spectacle saw what happened, they all went back home, beating their breasts in sorrow. ⁴⁹All those who knew Jesus personally, including the women who had followed him from Galilee, stood at a distance to watch.

---

* Some manuscripts do not have *Jesus said, "Forgive them, Father! They don't know what they are doing."*
23.34: Ps 22.18   **23.35:** Ps 22.7   **23.36:** Ps 69.21   **23.45:** Ex 26.31–33   **23.46:** Ps 31.5
23.49: Lk 8.2–3

Claddu Iesu
(Mathew 27:57-61; Marc 15:42-47; Ioan 19:38-42)

[50]Roedd yna ddyn o'r enw Joseff oedd yn dod o dref Arimathea yn Jwdea. Roedd yn ddyn da a gonest, ac yn aelod o'r Sanhedrin Iddewig, [51]ond doedd e ddim wedi cytuno â'r penderfyniad wnaeth yr arweinwyr eraill. Roedd Joseff yn ddyn oedd yn disgwyl i Dduw ddod i deyrnasu. [52]Aeth i ofyn i Peilat am ganiatâd i gymryd corff Iesu. [53]Tynnodd y corff i lawr a'i lapio gyda lliain ac yna ei roi i orwedd mewn bedd newydd oedd wedi ei naddu yn y graig — doedd neb erioed wedi ei gladdu yno o'r blaen. [54]Roedd hi'n hwyr bnawn dydd Gwener a'r Saboth ar fin dechrau.

[55]Roedd y gwragedd o Galilea oedd gyda Iesu wedi dilyn Joseff, ac wedi gweld y bedd lle cafodd y corff ei osod. [56]Ar ôl mynd adre i baratoi cymysgedd o berlysiau a pheraroglau i eneinio'r corff, dyma nhw'n gorffwys dros y Saboth, fel mae Cyfraith Moses yn ei ddweud.

Yr Atgyfodiad
(Mathew 28:1-10; Marc 16:1-8; Ioan 20:1-10)

24 Yn gynnar iawn y bore Sul aeth y gwragedd at y bedd gyda'r perlysiau roedden nhw wedi eu paratoi. [2]Dyma nhw'n darganfod fod y garreg fawr oedd ar geg y bedd wedi ei rholio i ffwrdd, [3]a phan aethon nhw i mewn i'r bedd doedd y corff ddim yno! [4]Roedden nhw wedi drysu'n lân, ond yna'n sydyn dyma ddau ddyn mewn dillad llachar yn sefyll wrth eu hymyl. [5]Roedd y gwragedd wedi dychryn am eu bywydau, a dyma nhw'n plygu a'u hwynebau i lawr o'u blaenau. Yna dyma'r dynion yn gofyn iddyn nhw, "Pam dych chi'n edrych mewn bedd am rywun sy'n fyw? [6]Dydy Iesu ddim yma; mae yn ôl yn fyw! Dych chi ddim yn cofio beth ddwedodd e pan oedd gyda chi yn Galilea? [7]Dwedodd y byddai e, Mab y Dyn, yn cael ei drosglwyddo i afael dynion pechadurus fyddai'n ei groeshoelio; ond yna ddeuddydd wedyn byddai e'n dod yn ôl yn fyw." [8]A dyma nhw'n cofio beth roedd wedi ei ddweud. [9]Felly dyma nhw'n gadael y bedd a mynd yn ôl i ddweud beth oedd wedi digwydd wrth yr unarddeg disgybl a phawb arall.

[10]Aeth Mair Magdalen, Joanna, Mair mam Iago, a nifer o wragedd eraill i ddweud yr hanes wrth yr apostolion. [11]Ond doedd yr apostolion ddim yn eu credu nhw — roedden nhw'n meddwl fod y stori yn nonsens llwyr. [12]Ond dyma Pedr yn rhedeg at y bedd i edrych. Plygodd i edrych i mewn i'r bedd a gweld y stribedi o liain yn gorwedd yno'n wag. Gadawodd y bedd yn methu'n lân a deall beth oedd wedi digwydd.*

---

* *wedi digwydd:* Dydy adn.12 ddim yn rhai llawysgrifau.
23:56 Exodus 20:10; Deuteronomium 5:14

The Burial of Jesus
(Mt 27.57–61; Mk 15.42–47; Jn 19.38–42)

50-51There was a man named Joseph from Arimathea, a town in Judea. He was a good and honourable man, who was waiting for the coming of the Kingdom of God. Although he was a member of the Council, he had not agreed with their decision and action. 52He went into the presence of Pilate and asked for the body of Jesus. 53Then he took the body down, wrapped it in a linen sheet, and placed it in a tomb which had been dug out of solid rock and which had never been used. 54It was Friday, and the Sabbath was about to begin.

55The women who had followed Jesus from Galilee went with Joseph and saw the tomb and how Jesus' body was placed in it. 56Then they went back home and prepared the spices and perfumes for the body.

On the Sabbath they rested, as the Law commanded.

The Resurrection
(Mt 28.1–10, Mk 16.1–8; Jn 20.1–10)

24 Very early on Sunday morning the women went to the tomb, carrying the spices they had prepared. 2They found the stone rolled away from the entrance to the tomb, 3so they went in; but they did not find the body of the Lord Jesus. 4They stood there puzzled about this, when suddenly two men in bright shining clothes stood by them. 5Full of fear, the women bowed down to the ground, as the men said to them, "Why are you looking among the dead for one who is alive? 6He is not here; he has been raised. Remember what he said to you while he was in Galilee: 7'The Son of Man must be handed over to sinners, be crucified, and three days later rise to life.'"

8Then the women remembered his words, 9returned from the tomb, and told all these things to the eleven disciples and all the rest. 10The women were Mary Magdalene, Joanna, and Mary the mother of James; they and the other women with them told these things to the apostles. 11But the apostles thought that what the women said was nonsense, and they did not believe them. 12But Peter got up and ran to the tomb; he bent down and saw the linen wrappings but nothing else. Then he went back home amazed at what had happened.*

* Some manuscripts do not have verse 12.
23.56: Ex 20.10; Deut 5.14
24.6–7: Mt 16.21; 17.22–23; 20.18–19; Mk 8.31; 9.31; 10.33–34; Lk 9.22; 18.31–33

Ar y ffordd i Emaus
(Marc 16:12-13)

¹³Yr un diwrnod, roedd dau o ddilynwyr Iesu ar eu ffordd i bentref Emaus, sydd ryw saith milltir o Jerwsalem. ¹⁴Roedden nhw'n sgwrsio am bopeth oedd wedi digwydd. ¹⁵Wrth i'r drafodaeth fynd yn ei blaen dyma Iesu'n dod atyn nhw a dechrau cerdded gyda nhw. ¹⁶Ond doedden nhw ddim yn sylweddoli pwy oedd e, am fod Duw wedi eu rhwystro rhag ei nabod e.

¹⁷Gofynnodd iddyn nhw, "Am beth dych chi'n dadlau gyda'ch gilydd?" Dyma nhw'n sefyll yn stond. (Roedd eu tristwch i'w weld ar eu hwynebau.) ¹⁸A dyma Cleopas, un ohonyn nhw, yn dweud, "Mae'n rhaid mai ti ydy'r unig berson yn Jerwsalem sydd ddim yn gwybod beth sydd wedi digwydd y dyddiau dwetha yma!" ¹⁹"Gwybod beth?" gofynnodd. "Beth sydd wedi digwydd i Iesu o Nasareth," medden nhw. "Roedd yn broffwyd i Dduw ac yn siaradwr gwych, ac roedd pawb wedi ei weld yn gwneud gwyrthiau rhyfeddol. ²⁰Ond dyma'r prif offeiriaid a'r arweinwyr crefyddol eraill yn ei arestio a'i drosglwyddo i'r Rhufeiniaid i gael ei ddedfrydu i farwolaeth, a'i groeshoelio. ²¹Roedden ni wedi gobeithio mai fe oedd y Meseia oedd yn mynd i ennill rhyddid i Israel. Digwyddodd hynny echdoe — Ond mae yna fwy ... ²²Yn gynnar y bore ma dyma rai o'r merched oedd gyda ni yn mynd at y bedd lle roedd ei gorff wedi cael ei osod, ²³ond doedd y corff ddim yno! Roedden nhw'n dweud eu bod nhw wedi gweld angylion, a bod y rheiny wedi dweud wrthyn nhw fod Iesu'n fyw. ²⁴Felly dyma rai o'r dynion oedd gyda ni yn mynd at y bedd i edrych, ac roedd popeth yn union fel roedd y gwragedd wedi dweud. Ond welon nhw ddim Iesu o gwbl."

²⁵"Dych chi mor ddwl!" meddai Iesu wrth y ddau oedd e'n cerdded gyda nhw, "Pam dych chi'n ei chael hi mor anodd i gredu'r cwbl ddwedodd y proffwydi? ²⁶Maen nhw'n dweud fod rhaid i'r Meseia ddioddef fel hyn cyn iddo gael ei anrhydeddu!" ²⁷A dyma Iesu'n mynd dros bopeth ac yn esbonio iddyn nhw beth roedd Moses a'r proffwydi eraill wedi ei ddweud amdano yn yr ysgrifau sanctaidd.

²⁸Pan oedden nhw bron â chyrraedd pen y daith, dyma Iesu'n dweud ei fod e'n mynd yn ei flaen. ²⁹Ond dyma nhw'n erfyn yn daer arno: "Tyrd i aros gyda ni dros nos; mae'n mynd yn hwyr." Felly aeth i aros gyda nhw.

³⁰Pan oedden nhw'n eistedd wrth y bwrdd i fwyta, cymerodd dorth o fara, ac adrodd gweddi o ddiolch cyn ei thorri a'i rhannu iddyn nhw. ³¹Yn sydyn dyma nhw'n sylweddoli mai Iesu oedd gyda nhw, a'r foment honno diflannodd o'u golwg. ³²Dyma nhw'n dweud wrth ei gilydd, "Roedden ni'n teimlo rhyw wefr, fel petai'n calonnau ni ar

The Walk to Emmaus
(Mk 16.12–13)

13On that same day two of Jesus' followers were going to a village named Emmaus, about eleven kilometres from Jerusalem, 14and they were talking to each other about all the things that had happened. 15As they talked and discussed, Jesus himself drew near and walked along with them; 16they saw him, but somehow did not recognize him. 17Jesus said to them, "What are you talking about to each other, as you walk along?"

They stood still, with sad faces. 18One of them, named Cleopas, asked him, "Are you the only visitor in Jerusalem who doesn't know the things that have been happening there these last few days?"

19"What things?" he asked.

"The things that happened to Jesus of Nazareth," they answered. "This man was a prophet and was considered by God and by all the people to be powerful in everything he said and did. 20Our chief priests and rulers handed him over to be sentenced to death, and he was crucified. 21And we had hoped that he would be the one who was going to set Israel free! Besides all that, this is now the third day since it happened. 22Some of the women of our group surprised us; they went at dawn to the tomb, 23but could not find his body. They came back saying they had seen a vision of angels who told them that he is alive. 24Some of our group went to the tomb and found it exactly as the women had said, but they did not see him."

25Then Jesus said to them, "How foolish you are, how slow you are to believe everything the prophets said! 26Was it not necessary for the Messiah to suffer these things and then to enter his glory?" 27And Jesus explained to them what was said about himself in all the Scriptures, beginning with the books of Moses and the writings of all the prophets.

28As they came near the village to which they were going, Jesus acted as if he were going farther; 29but they held him back, saying, "Stay with us; the day is almost over and it is getting dark." So he went in to stay with them. 30He sat down to eat with them, took the bread, and said the blessing; then he broke the bread and gave it to them. 31Then their eyes were opened and they recognized him, but he disappeared from their sight. 32They said to each other, "Wasn't

dân, wrth iddo siarad â ni ar y ffordd ac esbonio beth mae'r ysgrifau sanctaidd yn ei ddweud!"

[33]Ymhen dim o amser roedden nhw ar eu ffordd yn ôl i Jerwsalem. Dyma nhw'n dod o hyd i'r unarddeg disgybl a phawb arall gyda nhw, [34]a'r peth cyntaf gafodd ei ddweud wrthyn nhw oedd, "Mae'n wir! Mae'r Arglwydd wedi dod yn ôl yn fyw. Mae Simon Pedr wedi ei weld!" [35]Yna dyma'r ddau yn dweud beth oedd wedi digwydd iddyn nhw ar eu taith, a sut wnaethon nhw sylweddoli pwy oedd Iesu wrth iddo dorri'r bara.

Iesu'n ymddangos i'r disgyblion
(Mathew 28:16-20; Marc 16:14-18; Ioan 20:19-23; Actau 1:6-8)

[36]Roedden nhw'n dal i siarad am y peth pan ddaeth Iesu a sefyll yn y canol. "Shalôm!"* meddai wrthyn nhw.

[37]Roedden nhw wedi cael braw. Roedden nhw'n meddwl eu bod nhw'n gweld ysbryd. [38]Ond dyma Iesu'n gofyn iddyn nhw, "Beth sy'n bod? Pam dych chi'n amau pwy ydw i? [39]Edrychwch ar fy nwylo a'm traed i. Fi sydd yma go iawn! Cyffyrddwch fi. Byddwch chi'n gweld wedyn mai dim ysbryd ydw i. Does gan ysbryd ddim corff ag esgyrn fel hyn!" [40]Roedd yn dangos ei ddwylo a'i draed iddyn nhw wrth ddweud y peth.

[41]Roedden nhw'n teimlo rhyw gymysgedd o lawenydd a syfrdandod, ac yn dal i fethu credu'r peth. Felly gofynnodd Iesu iddyn nhw, "Oes gynnoch chi rywbeth i'w fwyta yma?" [42]Dyma nhw'n rhoi darn o bysgodyn wedi ei goginio iddo, [43]a dyma Iesu'n ei gymryd a'i fwyta o flaen eu llygaid.

[44]Yna dwedodd wrthyn nhw, "Pan o'n i gyda chi, dwedais fod rhaid i'r cwbl ysgrifennodd Moses amdana i yn y Gyfraith, a beth sydd yn llyfrau'r Proffwydi a'r Salmau, ddod yn wir." [45]Wedyn esboniodd iddyn nhw beth mae'r ysgrifau sanctaidd yn ei ddweud, er mwyn iddyn nhw ddeall. [46]"Mae'r ysgrifau yn dweud fod y Meseia yn mynd i ddioddef a marw, ac yna dod yn ôl yn fyw ddeuddydd wedyn. [47]Rhaid cyhoeddi'r neges yma yn Jerwsalem a thrwy'r gwledydd i gyd: fod pobl i droi cefn ar eu pechod a bod Duw'n barod i faddau iddyn nhw. [48]Chi ydy'r llygad-dystion sydd wedi gweld y cwbl! [49]Felly dw i'n mynd i anfon beth wnaeth fy Nhad ei addo i chi — arhoswch yma yn y ddinas nes i'r Ysbryd Glân ddod i lawr a'ch gwisgo chi gyda nerth."

---

* *Shalôm:* Cyfarchiad Iddewig sy'n golygu, "Heddwch i chi!"

it like a fire burning in us when he talked to us on the road and explained the Scriptures to us?"

³³They got up at once and went back to Jerusalem, where they found the eleven disciples gathered together with the others ³⁴and saying, "The Lord is risen indeed! He has appeared to Simon!"

³⁵The two then explained to them what had happened on the road, and how they had recognized the Lord when he broke the bread.

Jesus Appears to his Disciples
(Mt 28.16–20; Mk 16.14–18; Jn 20.19–23; Acts 1.6–8)

³⁶While the two were telling them this, suddenly the Lord himself stood among them and said to them, "Peace be with you."*

³⁷They were terrified, thinking that they were seeing a ghost. ³⁸But he said to them, "Why are you alarmed? Why are these doubts coming up in your minds? ³⁹Look at my hands and my feet, and see that it is I myself. Feel me, and you will know, for a ghost doesn't have flesh and bones, as you can see I have."

⁴⁰He said this and showed them his hands and his feet.* ⁴¹They still could not believe, they were so full of joy and wonder; so he asked them, "Have you anything here to eat?" ⁴²They gave him a piece of cooked fish, ⁴³which he took and ate in their presence.

⁴⁴Then he said to them, "These are the very things I told you about while I was still with you: everything written about me in the Law of Moses, the writings of the prophets, and the Psalms had to come true."

⁴⁵Then he opened their minds to understand the Scriptures, ⁴⁶and said to them, "This is what is written: the Messiah must suffer and must rise from death three days later, ⁴⁷and in his name the message about repentance and the forgiveness of sins must be preached to all nations, beginning in Jerusalem. ⁴⁸You are witnesses of these things. ⁴⁹And I myself will send upon you what my Father has promised. But you must wait in the city until the power from above comes down upon you."

* Some manuscripts do not have *and said to them, "Peace be with you."*
* Some manuscripts do not have verse 40.
24.49: Acts 1.4

Iesu'n mynd yn ôl i'r nefoedd

(Marc 16:19,20; Actau 1:9-11)

[50]Yna dyma Iesu'n mynd â nhw allan i ymyl Bethania. Wrth iddo godi ei ddwylo i'w bendithio nhw [51]cafodd ei gymryd i ffwrdd i'r nefoedd, [52]ac roedden nhw'n ei addoli. Wedyn dyma nhw'n mynd yn ôl i Jerwsalem yn llawen, [53]a threulio eu hamser i gyd yn y deml yn moli Duw.

Jesus is Taken Up to Heaven
(Mk 16.19–20; Acts 1.9–11)

⁵⁰Then he led them out of the city as far as Bethany, where he raised his hands and blessed them. ⁵¹As he was blessing them, he departed from them and was taken up into heaven.* ⁵²They worshipped him and went back into Jerusalem, filled with great joy, ⁵³and spent all their time in the Temple giving thanks to God.

---

* Some manuscripts do not have *and was taken up into heaven.*
24.50–51: Acts 1.9–11

beibl.net

Gallwch ddarllen gweddill **beibl.net** ar eich cyfrifiadur, tablet neu ffôn symudol. Ewch i –

www.beibl.net

Gellir chwilota drwy **beibl.net,** ochr yn ochr â chyfieithiadau Cymraeg eraill, yma –

www.bibles.org

Gallwch hefyd ddarllen neu lawrlwytho **beibl.net** i'ch ffôn symudol yma –

www.youversion.com

neu i **Ffonau Java:**

Go Bible
http://wap.beibl.net/

Mae'r Testament Newydd, y Salmau a Llyfr y Diarhebion hefyd ar gael ar yr Aps canlynol:

Y Fwyaren (Blackberry):

www.mobileappfarm.com/bible

iPhone / iPod / iPad:

PocketSword

o'r Apps Store

Android:

And Bible
https://market.android.com/